지속가능을 위한 메세나,
그리고 조직원

주순이 지음

서울경제경영

| 저자소개 |

주 순 이

이화여자대학교에서 언론학 석사를, 서울과학종합대학원에서 경영학 박사학위를 받았다. 기업 홍보, 잡지 · 신문 기자를 거쳐 2007년부터 한국메세나협회 경영기획 팀장으로 재직하고 있다. 주요 논문으로는 김보영과 함께 공동 저술한 "조직관리 및 기업문화 강화를 위한 메세나와 문화마케팅에 관한 연구동향 분석", "메세나 관심, 참여, 애착이 조직원의 정서적 유대감, 조직원간의 관계, 업무몰입에 미치는 영향 연구", "조직의 메세나 관심이 조직원의 메세나 관심도 및 참여도와 조직신뢰, 애착, 충성도에 미치는 영향 연구" 등이 있다. 기업과 예술이 함께하면 대한민국 문화예술 발전은 물론 기업과 브랜드 이미지 제고뿐만 아니라 기대 이상의 조직 성과도 도출할 수 있다는 신념 아래, 메세나 내부효과 설득을 위한 메세나 운동의 확산과 융복합 메세나 프로그램 개발을 위한 연구 노력을 계속하고 있다.

본 도서는 서울과학종합대학원대학교 박사학위논문을 바탕으로 재편집된 것입니다.

들어가는 글

최근 경쟁이 심화되고 있는 경제 환경 속에서 기업들의 시장 우위 확보를 위한 노력은 그 어느 때보다 치열하다. 뛰어난 기술의 발전으로 현대사회에서 기업은 더 이상 제품만으로는 차별화를 꾀할 수 없을 뿐만 아니라, 게다가 윤리적이고 투명한 기업에 대한 소비자의 요구가 점차 높아지면서 지속가능 경영 전략에 대한 필요성과 관심이 확대되고 있다. 지속적인 성장을 위한 브랜드 가치와 기업명성 확보를 위해 기업들은 재무적 성과와 함께 지역주민, 정부, 언론, 시민단체 등 다양한 이해 관계자들의 기대에 부응하는 한편 경제적, 윤리적 신뢰성을 저버려서는 안된다는 것에 공감하고 있다. 또한 기업은 환경보호 등 사회적 이슈들을 경영에 반영하여 좋은 기업이라는 평판을 유지하여야만 한다. 이것이 많은 기업들이 사회적 책임활동을 지속가능 경영의 핵심요소로 인식하면서 다양한 투자를 하고 있는 이유이다.

또한 소비자들의 소득과 생활수준이 높아지면서 문화예술이나 디자인 등 미학적인 요소에 관심을 갖게 됨에 따라 점차 기업들은 소비자 감성 트렌드 변화에 맞는 차세대형 지속가능 경영 전략이 필요함을 인지하게 되었다. 이에 따라 기업들은 예술을 주제로 고급스런 이미지를 동반하며 문화예술을 활용한 다양한 효과를 기대할 수 있는, 메세나(Mecenat)에 주목하고 있다.

메세나는 기업이 예술후원을 통해 예술 발전에 기여하는 것은 물론, 고객, 소외계층, 지역민, 협력업체, 임직원 등 다양한 타깃(Target)의 문화향유와 더불어 국가적 문화 발전을 위한 매우 중요한 사회적 책임 활동이다. 기업 사회공헌의 일부로 취급받던 메세나가 최근 문화를 통한 사회공헌, 문화마케팅, 예술을 활용한 융복합 전략, 임직원 대상 내부 마케팅 등 그 활동 범위를 점차 확대하고 있다. 더욱이 메세나는 오늘날 단순 후원이나 기부, 협찬의 개념을 넘어 기업 경영의 다양한 활동에 영향력을 행사할 수 있는 전략적 도구로도 각광받고 있다. 메세나는 조건 없는 기부라는 태생적 특성으로 인해 기업의 순수 후원이나 사회공헌적 측면에서 호응을 얻고 있을 뿐만 아니라 조직원 예술체험이나 문화예술 교육, 조직원 참여형 문화공헌 프로그램 등 문화예술을 통한 내부 문화마케팅 활동을 통해 조직문화 개선이나 조직성과에도 적잖은 영향을 미치는 것으로 알려져 있다.

이렇듯 메세나가 최근 사회공헌과 문화마케팅, 그리고 임직원 메세나 등 그 분야를 아우르고 있음에도 아직까지 학계, 재계에서의 메세나 개념은 명확치 않으며 경영학, 예술학, 예술경영학, 홍보광고학, 신문방송학, 사회복지학 등 각 분야의 연구자마다 메세나를 보는 시각과 개념도 다르다. 그러나 문화예술을 주제로 한 미래지향적이고 발전적인 관점에서 볼 때 문화마케팅과 문화공헌은 물론, 내부 문화마케팅까지 메세나의 범위를 확대하여도 무리는 없을 것이다. 특히 조직원을 대상으로 조직문화와 조직원 관리 측면에서 메세나가 보다 심도있게 다뤄질 필요가 있다.

세계적인 경영학자 피터 드러커는 "기업 존속의 필요조건이라 알려져 있는 '이윤'은 궁극의 목적일 수는 없으며, 기업의 궁극적인 목적은 훌륭한 인간을 만들어 내는 것이고, 우리가 이용할 수 있는 자원 중에서 끊임없는 성장과 발전을 기대할 수 있는 유일한 자산은 인간의 능력뿐"이라고 말했다. 조직원 능력 배양을 위한 보다 다양한 경영전략과 투자, 조직의 가치 창출을 위한 적극적인 노력이 필요한 이유이다. 조직원의 능력 향상을 위한 다양한 방법 가운데 메세나를 활용한 내부 마케팅은 문화예술을 통한 창의성 개발은 물론, 감성 계발과 스트레스 감소 등 다양한 효과를 기대할 수 있으며 이를 통한 업무능력 향상과 호의적 동료관계에도 긍정적 영향을 미치기도 한다.

그럼에도 불구하고 지금까지의 메세나 관련 연구들은 시장 및 소비자 효과에만 초점을 맞추고 있으며, 조직성과나 조직원 개인에 미치는 영향에 관한 연구는 미흡한 실정이다. 메세나 활동이 활성화되기 위해서는 예술문화 발전에 기여하는 공공성을 뛰어넘어 기업이 실질적으로 메세나를 통해서 얻을 수 있는 가치가 무엇인지에 대한 다각적인 접근과 연구가 확대되어야 할 필요가 있다. 지속가능경영을 위한 메세나와 조직원의 관심과 참여를 유도하기 위한 조직원 대상 메세나 프로그램이 필요한 이유이다.

이에 따라 본 도서에서는 국내 대기업 임직원들을 대상으로 다양한 조직문화 효과 및 조직원 효과를 파악하기 위한 세 가지 연구의 결과를 정리했다. 첫 번째, 메세나와 문화마케팅에 관한 문헌 분석을 통해서 국내 연구 동향과 특성을 파악하고 경영학 분야에서의 메세나 연구의 발전적 방향을 제시하고자 했다. 이를 위해 2005년부터 2015년 12월까지 국내 등재 학술지와 등재 후보 학술지에 게재된 메세나, 예술 후원, 예술 지원, 문화마케팅, 아트마케팅의 5가지 키워드로 도출된 총 213편의 논문과 이중 경영학으로 분류된 총 54편의 논문을 대상으로 문헌연구를 실시했다. 두 번째, 메세나에 대한 조직의 관심의 중요성을 강조하기 위하여 조직원의 메세나 활동에 대한 참여의지를 매개로하여 조직과 개인의 메세나 관심이 조직신뢰, 조직 애착, 조직 충성도 등 조직문화에 어떤 영향을 미쳤는지를 실증분석했다. 조직의 관심이 개인의 관심에 영향을 미쳤음을 확인했으며 개인과 조직의 관심도가 메세나 참여도와 참여의지를 강화시키는 것을 알 수 있었다. 이러한 관심과 참여도가 조직신뢰, 조직충성, 조직애착 같은 조직문화를 강화하는 데 유효한 사실을 증명해 냈다. 이를 통해 조직문화 강화를 위한 메세나 사업의 확대 필요성을 위한 시사점도 제시했다. 마지막으로, 개인의 메세나 관심과 참여의지가 메세나 애착도를 매개로 하여 조직원의 정서와 관계, 업무 몰입 등 조직원에게도 영향을 주는지를 실증해 보았다. 분석 결과, 조직원의 메세나에 대한 관심도와 참여의지는 메세나 애착도를 경유하여 조직원 간의 관계, 정서적 유대감, 그리고 업무 몰입에 영향을 주는 것으로 확인되었다. 이 같은 결과를 통해 조직원 개인의 상호작용과 애착도를 촉진할 수 있는 다양한 프로그램이 마련되어야 함을 확인했다.

이 같은 세 가지 연구의 분석 결과는 기업이 내부 이해자 관점으로 메세나를 볼 필요가 있으며 적극적인 관심을 가지고 메세나를 활용한 보다 융합적인 참여 프로그램을 개발할 필요가 있음을 시사해 주고 있다. 또한 기업의 조직 관리자나 문화마케팅 실무자들이 조직성과를 제고시키기 위해 메세나를 전략적으로 활용할 수 있다. 조직원 개인의 창의성에 기반한 창발력을 강조하고, 문화예술을 기반한 융복합 전략을 중요하게 다뤄야 하는 기업 환경을 고려할 때, 지금이야 말로 적극적이고 미래지향적인 조직원 관점에서의 메세나 전략이 도출될 때임에 틀림없다.

이에 기업의 메세나 활동은 단순 사회적 책임 활동이 아닌, 시대를 앞서가는 지속가능 경영 전략으로써 향후 보다 다양하고 발전적인 조직원 관점에서의 메세나 연구가 이루어져야 할 필요가 있다.

■ 목 차

Chapter 01 기업의 지속가능과 메세나

1. 지속가능을 위한 사회적 책임활동

기업은 기업과 주주의 이익 증진이라는 목표 아래 기업과 주주 외에도 종업원, 거래자, 소비자, 시민, 정부 등 모든 이해 관계자들의 요구에 부응하기 위해 지속적으로 발전한다(정재휘 · 서민교, 2016). 경쟁이 심화될수록 기업은 성장의 한계에 직면하게 되는데 그럴수록 지속가능한 성장을 위하여 사회적 기여 요구에 부응할 수밖에 없는 상황에 직면하게 된다. 경제적 이윤 추구 전략과 윤리적 측면에서의 기업의 사회적 책무 활동을 조화롭게 해야 할 필요성이 대두된 것이다(Porter & Kramer, 2011). 지속가능 경영은 이같이 사회적 · 환경적 책임을 전략적으로 활용하여 경쟁우위를 창출하고 기업 가치를 높이는 한편, 제품의 국제 경쟁력을 확보하는 데 활용할 수 있기 때문에 국내 산업계에 새로운 위협이자 기회 요인으로 자리하고 있다.

지속가능 경영(Sustainability Management)이란 기업이 지속적인 성장을 추구하기 위해 기업의 모든 경영활동 과정을 경제적 수익성, 환경적 경제성, 사회적 책임성 관점에서 통합적이고 균형적으로 고려하여 기업이 '지속 가능한 기업(Sustainable Corporation)' 으로 성장하는 것을 목표로 하는 경영 전략이다(안상형 · 최강화, 2009). 기업이 지속적으로 수익을 얻고 생존하기 위해서 사회와 사회 구성원들과의 상생은 필수 조건이다. 이를 위하여 기업은 사회적 책임감을 인지하고 실천하면서 다양한 사회공헌 활동을 펼쳐가며 공익적인 구도를 형성해 간다. 사회공헌 활동은 사회공헌에 대한 기업의 법적, 윤리적, 경제적, 자선적 책임을 모두 포함하는 명칭으로 기업의 사회공헌 활동 수준이 높을수록 기업가치, 회계정보의 유용성과 가치 관련성, 정보 비대칭 등에 영향을 미친다(권한섭 · 박종원, 2016). 사회적 책임 활동(Corporate Social Responsibility, CSR)이 기업 이미지나 인지도에 긍정적인 변화를 가져오기 때문에 CSR 활동에 대한 기업이나 소비자의 관심이 높아지고 있는 것은 분명해 보인다(Du, *et al.*, 2010). CSR은 사회의 목표나 가치에 걸맞는 정책 수립 및 행동 추구를 위한 기업의 책임이자 기업 활동에서 발생하는 문제의 해결과 윤리의 준수, 기업에 대한 사회적 기대, 경제적, 법률적, 윤리적 행동을 통해 사회로부터 정당성을 인정받는 것을 의미한다(신유근, 1996). 기업 활동의 영역이 넓어지고 깊어질수록 CSR의 중요성이 부각되는 이유는 경제적 가치관과 사회적 가치관의 동시적 발상에 의거하여 전략적인 기업 CSR 활동이 결국 기업에도 이익을 준다는 믿음 때문이다. 기업이 사회적 책임을 다하면 기업과 각 이해관계자들 사이의 관계를 더욱 긴밀하게 구축할 수 있으며 사회와 고객으로부터 높은 평가를 받을 수 있다(신유근, 1996; 권한섭 · 박종원, 2016).

CSR 활동은 기업의 재무적 성과에도 긍정적 영향관계가 있다. 박헌준 · 이종건(2002)은 기업의 기부행위 수준이 높을수록 기업의 수익성과 경제적 부가가치, 단기 상환 능력이 높아지는 경향이 있으며, 동시에 기업의 경제적 부가가치가 높은 기업일수록 기부행위 수준이 높아지는 등 사회공헌 활동과 재무성과 간의 영향 관계도 성립한다고 설명했다. 뿐만 아니라 기업 활동의 건전성과 종업원 만족도, 사회봉사 기여도 등의 사회적 성과가 재무적 성과에 정적인 영향을 미치며 동시에 이 재무적 성과 또한 사회적 성과에 상호 정적인 영향을 미친다(조성표 · 손수훈, 2009; 오근혜 등, 2012). Waldman *et al.*(2004)은 CSR과 CEO의 리더십이 밀접한 관련이 있으며 뛰어난 CEO는 경쟁 기업에 비하여 CSR을 전략적이고 효과적으로 수행한다고 주장했다. 이렇듯 다양한 관점에서의 CSR의 성과를 눈여겨볼 필요가 있으며 동시에 CSR의 활동 범위와 개념도 다시 한번 되짚

어볼 필요가 있다.

이에 근거하여 기업의 지속가능 경영을 위한 경쟁력 강화를 위하여 CSR을 전략적으로 인식해야 한다는 주장은 여러 학자들에 의해 검증된 바 있다. 경쟁우위와 CSR의 연관성에 대하여 Porter & Kramer(2007)는 "기업들이 CSR을 비용의 개념이 아닌 기회와 혁신, 경쟁우위의 원천이 된다는 인식을 가져야 한다"고 주장했다. 또한 환경적인 사회적 책임 같이 경쟁기업이 모방하기 어려운 CSR 전략이야 말로 기업의 지속가능한 경쟁우위의 원천이자 핵심 자원이 될 수 있다(Hart, 1995; McWilliams & Siegel, 2006). Swaen & Chumpitaz(2008)는 CSR이 자선적 활동, 환경 존중, 소비자 존중, 종업원 존중으로 구분된다고 설명하고 있다. Baron(2001)은 사회적으로 책임감을 느끼고 행동하는 소비자가 늘고 있는 가운데 이들의 관심을 끌기 위한 전략적 CSR 활동은 공공의 선과 기업의 마케팅 사업 전략과 연관 짓는 것이라고 했다. 기업 메세나 활동 또한 대가를 바라지 않는 순수함을 강조하는 자선과 기부의 의미가 강조되어 왔기 때문에 예술과 문화에 대한 기업의 사회적 책임과 연결되어 논의되어 왔다(김민주 등, 2007). CSR 활동과 마찬가지로 오로지 기부와 후원의 진정성만을 따지는 퍼주기식 메세나 활동이 아니라 내외부적 마케팅 전략과 함께 발전하는 융복합 메세나 전략이 필요한 때이다.

2. 사회적 책임과 조직원

앞서 강조하였듯 CSR은 기업의 활동에서 발생하는 문제의 해결과 윤리의 준수와 기업에 대한 사회적 기대의 반응, 그리고 경제적 · 법률적 · 윤리적인 행동을 통해 사회로부터 정당성을 인정받는 것을 의미한다(신유근, 2006). 사회적 정당성을 인정받는 각종 요소 중 기업 내부 조직원을 빼놓을 수 없다. 경제적 가치관뿐만 아니라 사회적 가치관도 중요시된 사회에서 기업의 사회적 책임은 기업과 종업원을 포함한 각 이해관계들 사이의 관계를 긴밀하게 구축할 수 있다. 거시적 시각에서 기업을 평가할 때 사회적 책임을 다하면 사회와 고객으로부터 높은 평가를 받을 수 있으며 평판이 좋은 기업의 상품, 서비스를 구입하고 싶어 하며 매력적인 기업에는 우수한 인재가 모인다(이충신, 2011).

산업정책연구원(2017)이 '건강한 대한민국 기업을 만들기 위해 시급한 과제'라는 주제로 소비자 500명을 대상으로 설문한 결과, 소비자들은 기업의 신뢰도를 판단하는 기준으로 '직원존중(65.8%)'을 1위로 꼽았다. 이어 '반부패 및 청렴경영(50.4%)', '뛰어난 품질 및 기술력(46.6%)', '일자리 창출(36.2%)', '친환경 제품 생산(33.8%)' 등이 뒤를 이었다. 또 우리 기업이 앞장서서 해결해주길 원하는 사회문제로는 '일자리 창출 및 고용보장(57.6%)'을 우선 과제로 꼽았다. 이 외에도 '고용인 및 노동자 권익 보호(51.2%)', '윤리경영 · 투명경영(51%)' 등을 해결해 주길 원한다고 응답했다. 직원 존중과 고용보장, 노동자 권익보호 등 조직원과 연관된 주제가 빠지지 않고 순위에 오르는 것은 조직원 관리의 중요성을 입증한 결과임에 틀림이 없다.

더 나아가 외부 이해 관계자들과의 관계 증진과 함께 우수인력 확보 및 유지 또한 기업의 지속 경영에 필수적인 요소라는 주장이 힘을 얻고 있는 가운데 윤각 · 류지영(2011)의 지속가능 경영을 위해 기업의 내부 사정을 잘 알고 있는 내부 임직원들을 먼저 만족시켜야 한다는 주장은 조직원 관리의 중요성을 강조하고 있다. 한정호 · 조삼섭(2009)은 조직과 조직원의 관계를 실패하면 기업 명성에 큰 타격을 입을 수 있다는 사례들을 들며 내부 조직원의 지지의 중요성을 설명한 바 있다.

이렇듯 기업의 CSR 활동은 비단 '착한 기업'이라는 이미지를 구축과 이를 통한 브랜드 자산 형성에 도움이 될 뿐만 아니라 다양한 이해관계자들과 조직원의 사기증진의 긍정적 관계 구축 등에 긍정적으로 작용한다(Bhattacharya & Sen, 2004; Kotler & Lee, 2006). 대기업들이 매년 발간하는 지속가능 경영 보고서를 살펴보면, 조직문화 개선과 조직원을 위한 사업들이 빠지지 않고 등장한다. 대표적으로 LG전자는 조직문화–일과 삶의 균형을 주제로 LG전자만의 창의와 자율의 조직문화를 구축하고 이를 기반으로 일등 LG의 비전을 실현하기 위해 'LG전자만의 일하는 문화 조성'을 목표로 하는 다양한 조직문화 활동을 전개하고 있다. 구성원들이 일을 통해 조직과 함께 성장하고 행복한 삶을 영위할 수 있도록 다양한 구성원 케어링 프로그램을 운영하는 것이다. 조직원들이 참석하는 분기조회 행사를 통해 현재의 시장 상황과 이에 대한 대응전략, 그리고 사업 성공을 위한 경영방향 등을 공유하고 있으며 리더십 등 각종 역량강화를 위한 정례적 워크숍과 각종 아이디어 공모전, 조직 시너지 확대 및 협업체계 구축, 조직 간·계층 간 시너지 제고 및 협업체계 구축을 위한 다양한 커뮤니케이션 프로그램을 운영하고 있다고 밝혔다. 이밖에 2015년 사회공헌 활동에 참여한 조직원은 총 93,659명으로, 2005년 대비 약 3.4배 가량 증가했다. 이는 LG전자의 사회공헌 활동이 다양해지고 조직원들의 참여도 그만큼 활발해진 것이다(LG전자 지속가능경영보고서, 2016). 이는 기업의 CSR활동에 조직원들의 참여가 늘고 있다는 것을 의미한다. 즉, 기업들의 각종 CSR활동과 메세나를 접목, 융합하면 기대 이상의 조직성과를 낼 수 있으며 궁극적으로 기업 지속 가능 경영에도 긍정적인 영향을 미칠 수 있다는 본 연구의 핵심 주제와 맞닿아 있다.

3. 메세나 기업 사례

(1) 한화그룹

지난 2007년 10월, 한화그룹은 창립 55주년을 맞아 보다 체계적이고 규모있는 사회공헌 활동을 하기 위해 '한화사회봉사단'을 창단했다. 한화그룹 김승연 회장은 2011년 그룹 창립 59주년 기념사에서 "아무리 큰 나무도 혼자 숲이 될 순 없다. '혼자 빨리'가 아닌 '함께 멀리'의 가치를 새롭게 되새겨야 할 것"이라고 강조한 바 있다. 한화그룹은 숲을 이루고 살아가는 나무처럼 '함께, 멀리'의 사회공헌

철학을 자원봉사, 사회복지, 문화예술, 육영공익 등 다양한 분야에서 적극 실천한다는 방침을 세웠다. 한화 메세나 활동의 성공요인으로 지속성을 꼽을 수 있다. 그만큼 철저한 시장조사를 통한 메세나 전략이 있었기 때문에 가능한 일이다. 한화는 지난 2000년부터 예술의 전당과 제휴관계를 맺고 국내 최대의 클래식 음악 축제인 '교향악 축제'를 17년째 단독 후원해 오고 있다. 누적 관계수만도 40만 명에 달한다. 2004년부터 후원하는 '11시 콘서트'는 매월 둘째 주 목요일 오전에 음악과 해설이 함께하는 클래식으로 특히 주부 관객들로부터 큰 호응을 얻고 있다. 이밖에 2013년 클래식 저변 확대를 위해 '한화 클래식'이라는 테마로 고품격 클래식 공연을 도입하여 세계적 권위를 지닌 정통 바로크 음악 연주단 등을 초청하여 큰 호응을 얻고 있는데, 관람객뿐만 아니라 임직원들의 참여도와 호응도가 높다. 2004년부터 매년 지방 도시들을 찾아 실시하는 '한화 팝&클래식 여행' 등 다양한 공연 프로그램은 문화소외계층의 문화활동에 적극 기여하고 있다는 평가다. 이밖에 조직원 봉사와 저소득층 예술교육을 합친 융복합 메세나 프로그램인 '한화 예술더하기'는 메세나에 대한 전사적, 전략적인 관심과 전담부서 운영의 중요성을 강조하는 성공사례로 자리잡고 있다. 이밖에도 매년 가을 한강변에서 펼쳐지는 '서울세계불꽃축제'도 한화의 대표적인 문화공헌 프로그램이이라 할 수 있다(이데일리, 2016; 한국메세나협회, 2013).

(2) 금호아시아나그룹

한국의 메디치가(Medici Family)로 불리며 한국을 대표하는 메세나 기업으로 손꼽히는 금호아시아나그룹의 전문적인 클래식 음악 사업은 타기업의 추종을 불허한다. 피아니스트 손열음과 조성진, 김선욱, 김태형, 바이올리니스트 임지영, 신지아, 조진주 등 세계적인 콩쿠르에서 수상한 젊은 음악가들이 금호 영재 프로그램과 금호 영 아티스트 출신들이다. 금호영재 아티스트들의 콩쿠르 수상 기사가 날 때마다 후원사인 금호아시아나그룹 이름이 빠지지 않고 등장하곤 한다. 금호아시아나그룹은 금호아시아나문화재단을 주축으로 음악영재 발굴 및 지원

사업, 클래식 공연 기획사업, 공연장 운영사업, 시상 및 기금사업 등으로 세분하여 클래식 음악을 지원하고 있다. 금호아시아나그룹은 1998년부터 금호 영재 콘서트 시리즈를 개최하고, 1999년에는 금호 영 아티스트 콘서트를 개최하여 현재까지 1,000여명에 달하는 음악영재들을 음악계에 데뷔토록 지원했다. 또한 1993년부터 세계적인 명품 고악기를 구입하여 장래가 촉망되는 연주자들에게 악기를 무상으로 대여하는 악기은행 제도를 운영하고 있는데 이는 금호아시아나문화재단이 문화 예술인을 지원하는 의지가 담긴 제도라고 볼 수 있다. 젊은 연주자들이 악기 걱정 없이 연주 활동에 몰두할 수 있도록 고악기를 지원하고 있는데 제이비 과다니니, 과르네리, 몬타냐나, 테스토레 등의 명품 바이올린과 로카, 마찌니 등과 같은 고악기 첼로를 포함한 22점의 고악기를 무상 대여하여 피아니스트 손열음, 고 바이올리니스트 권혁주, 첼리스트 이상은, 바이올리니스트 임지영 등을 비롯한 다수의 연주자들의 음악활동을 후원했다. 그 외 음악영재 해외 유학 장학금을 지원하고 연주자 홍보 및 대외음악 활동을 지원하고 있으며 금호 아시아나 솔로이스츠 실내악단 운영하여 다양한 젊은 음악인들의 활동을 후원하고 있다. 1997년부터 정통 클래식 음악 활성화를 위한 '갤러리 금호 콘서트'를 시작하여, 2007년부터는 '아름다운 목요일' 클래식 시리즈로 확대 개편하였으며, 강동석, 정경화, 정명화와 같은 한국의 대표 연주자 뿐만 아니라 세계 거장 연주자들이 금호아트홀에서 공연활동을 하고 있다. 또한 매년 1~2회 세계정상급 오케스트라를 초청하는 '금호 월드 오케스트라 시리즈'를 개최하여, 2003년 8월부터 베를린 필하모닉, 필라델피아 오케스트라, 뉴욕 필하모닉, 파리오케스트라, LA 필하모닉, NHK 심포니 오케스트라 등을 초청하여 한국 문화예술 시장을 활성화에 일익을 담당하고 있다. 2000년 12월 클래식 음악 전용홀인 금호아트홀을 개관하여 꾸준한 공연을 기획, 유치하고 있으며, 그간의 클래식 음악 공연장 설립과 운영 노하우를 바탕으로 2015년 10월에는 연세금호아트홀을 개관하여 국내외 정상급 연주자들에게 무대에 설 수 있는 기회를 제공하고 있다(권재일, 2012; 금호아시아나문화재단, 2017).

(3) 두산그룹

두산그룹은 1993년부터 문화예술이 사회의 변화에 긍정적인 영향을 미친다는 믿음으로 다양한 메세나 활동을 전개하고 있다. 1978년에 설립한 두산연강재단을 통해 장학금, 학술연구비, 교사 해외연수, 도서 보내기 등 다양한 교육활동을 지원해 오고 있다. 두산연강재단은 젊은 예술가의 성장을 지원하고 체계적인 메세나 활동을 하기 위해 두산아트센터를 운영하고 있다. 2016년 11월에는 재단의 후원을 받아 러시아에 유학 중인 장학생 이 혁 군(15)이 제10회 파데레프스키성인 국제피아노콩쿠르에서 우승하기도 했다. 창작극 연출자들의 등용문이 된 두산아트센터의 창작자 육성 프로그램을 통해 뮤지컬, 연극, 미술 등 다양한 예술 장르의 젊은 예술가를 발굴, 지원한다. 두산갤러리 한국·뉴욕, 두산 레지던시 뉴욕 등을 운영하며 2010년부터 '두산연강예술상'을 제정하여 공연, 미술분야의 젊음 예술가들을 지속적으로 후원하고 있다. 의학부문에서 뛰어난 학술적 성과를 보이는 논문을 대상으로 '두산연강학술상'도 진행하고 있다.

두산그룹은 또한 각 계열사별로도 차별화된 예술 공헌 사업을 하고 있는데 특히 (주)두산은 2012년부터 빈곤, 가정해체, 학교 부적응 등 다양한 문제로 고민하는 청소년 대상 정서함양 프로그램 '시간 여행자'를 운영하고 있다. 사진, 역사, 환경을 주제로 배병우, 김중만, 안대희 등 유명 사진작가와 함께 이론교육, 야외출사, 성장캠프, 봉사활동, 전시회 등 연계적으로 진행한다. 해당 청소년들이 자유롭게 사용할 수 있는 전용 스튜디오를 운영하며 전문성을 확대하고 있다. 시간여행자에 참여한 청소년들의 자아존중감, 자기효능감, 사회성, 정서적 공감능력이 향상되었으며 스트레스 지수는 낮아졌다. 시간여행자는 사진, 역사, 환경, 청소년을 융합한, 문화예술과 인문학이 결합된 새로운 청소년 인성교육의 모델을 제시하고 있다. 이 프로그램은 특히 기업(예산 조달, 홍보, 효과검증)-비영리단체 ARCON(커리큘럼 개발, 교육운영)-문화체육관광부(문화재 개방, 강사추천, 자문감수)등 3자간의 파트너십을 통해 운영의 묘를 전략적으로 살리고 있다. 젊은 작가들을 강사로 채용함으로써 예술가의 성장 및 삶의 질을 개선하는 데에도 영향을 주었으며 2013년부터는 서울시교원연수과정에서 '시간여행자' 과목을 개설하여 일선 중 · 고교 교사들과 커리큘럼 공유하는 등 그 파급력과 성과도 크다. 그 우수성을 인정받아 2014년 보건복지부 우수사례로 선정되었으며 2015년 문화예술후원우수기관으로도 선정되었다. 지금까지 소외계층 청소년 366명이 지원을 받았다.

이밖에 두산그룹은 국립합창단, 국립현대미술관, 국립발레단, 국립오페라단 등 문화예술 단체 후원을 통해 역량 있는 예술단체와 기관의 지속적인 성장을 돕고 있으며 클래식 음악 단체인 서울튜티앙상블 정기연주회를 지원하여 임직원 대상 음악회도 진행중에 있다. 저소득가정 아동 합창교육을 돕고 있으며 장애청소년 대상 음악회도 개최했다. 이밖에 1993년부터 두산 임직원과 가족들을 초청하여 음악과 함께 믿음과 화합으로 새로운 출발을 다짐하는 신년하례식을 '신년음악회'로 개최해 문화예술을 통한 소통의 문화를 세우는 데 앞장서고 있다. 또한 2013년부터 지금까지 서울시 중구에 위치한 지역아동센터 아동을 대상으로 전문 예술단체와 연계하여 그림자 인형극, 댄스교육을 주제로 정기 봉사활동을 진행하고 있다. 찾아가는 음악회에도 적극적이다. 지방에서 근무하는 임직원 및 가족을 대상으로, 지역 내 장애인과 독고노인, 지역아동센터 등 문화 소외계층을 찾아가서 음악회를 진행했다(두산 사회공헌 백서, 2016).

(4) 현대자동차그룹

현대자동차그룹은 2013년 국립현대미술관과 장기 파트너십을 체결하고 국내 미술계와 작가를 지원하는 '현대차 시리즈(MMCA Hyundai Motor Series)' 전시를 추진했다. 2014년에는 영국의 현대미술관 테이트모던(Tate Modern)과도 11년간 장기 파트너십을 체결하여 세계적인 한국 비디오 아티스트 백남준의 작품 소장을 위한 후원을 지원하였으며 더불어 10년간 테이트모던의 초대형 전시실 터바인홀에서 설치미술 시리즈인 '현대커미션(Hyundai Commission)'을 선보인바 있다. 2015년에는 미국 서부 최대 규모의 미술관인 LA카운티미술관

(LACMA)과 10년 장기 후원을 체결했다. 또한 현대자동차그룹은 2007년부터 전국 복지시설에서 생활하는 아동들에게 악기 구입비와 교육비를 지원하고 다양한 공연을 선보이는 '아트드림페스티벌'을 지속적으로 지원하고 있다. 2012년부터는 '토요아트드라이브'를 통해 전국 200여개 지역아동센터 5,000명의 아동들에게 문화예술 교육과 공연관람의 기회를 제공하고 있다(한국메세나협회, 2014; 현대자동차그룹 사회공헌백서, 2016).

(5) 삼성그룹

삼성그룹이 삼성문화재단을 통해 운영하는 리움미술관은 한국 미술후원의 본보기로 손꼽힌다. 소장품도 2007년 기준 한국의 국보 · 보물 150여 점을 포함해 1만5,000점에 달하고 있는데 당시 국립현대미술관 본관이 소장한 7,460점의 두 배를 넘어 화제를 모으기도 했다. 삼성은 연간 100억원대 작품을 구매할 정도로 최고의 컬렉터로서의 가치도 인정받는다. 이같은 미술후원, 미술투자 덕분에 리움은 한국을 넘어 아시아를 대표하는 사립미술관으로 평가받고 있다. '일본에 모리미술관이 있고, 미국에 게티센터가 있듯이 한국에는 리움이 있다'고 회자되는 이유다. 한 미술계 원로는 "해외 컬렉터나 비즈니스 VIP들이 오면 변변하게 보여줄 만한 곳이 없었는데, 리움이 그 역할을 하고 있다. 우리나라에도 이런 미술관 하나쯤 있다는 자존심을 세울 수 있다"고 말한다. 현대미술관 과천관의 상징인 백남준의 1988년작 '다다익선'이 TV가 작동이 안 돼 완전히 망가졌을 때 TV 1000대와 리노베이션 비용을 지원했다. 백남준 구겐하임미술관 개인전(2000년), 이우환 구겐하임미술관 개인전(2011년)도 삼성의 후원 없이는 불가능했을 전시다. 또 신진 작가 등용문인 '아트스펙트럼' 전시회도 꾸준히 열어오고 있다(매일경제, 2017).

(6) KT&G

2007년 문을 연 상상마당은 젊음의 명소 홍대거리의 랜드마크로 자리 잡았다.

KT&G는 상상마당을 통해 올바른 인프라 운영의 가치를 확대하고 있다. 2007년에 이어 2011년 상상마당 논산, 2014년 상상마당 춘천까지 개관하여 각 지역별로 특화시켜 운영하고 있다. 상상마당을 통해 인디음악, 독립영화, 애니메이션, 디자인, 독립출판 등 비주류 문화육성에 기여하며 젊은층의 문화체험을 확대하였으며 지역주민을 위한 문화 서비스도 개발하여 제공하고 있다. 창작 쇼케이스 프로그램을 개발하여 실질적인 공연사업을 지원하였고 2014년 한 해만도 상상마당 운영에 350억원의 비용을 사용하는 등 한국메세나협회가 조사하는 '기업의 문화예술 지원 현황 조사'에서 2014년부터 매년 기업부문 1위를 차지하고 있을 정도로 예술지원에 힘을 쏟고 있다. 비주류 대중문화 플랫폼이 된 상상마당은 연간 방문객 180만명에 이르는 대표적인 복합 문화공간으로 성장하였으며 지역문화 예술발전과 경제활성화에 기여하고 있다. KT&G는 일반적인 문화예술 지원이 아닌, 창작자에게 실질적인 도움이 되는 지원 방식을 운영하고 있으며 상상실현 페스티벌, 밴드 디스커버리, 코리아디자인 챌린지 등 다양한 행사들을 지속적으로 지원하고 있다(한국메세나협회, 2016).

(7) KT

㈜KT는 2010년 광화문 사옥 1층에 IT복합문화공간 올레스퀘어를 열어 '톡콘서트', '천원의 나눔' 등 공연을 열어 신진 아티스트에게 공연의 기회를 제공하여 화제를 모았다. 이 공연들은 연 800회를 돌파한 바 있으며 입장료 1,000원은 전액 청각장애 아동 지원에 기부하기도 했다. 현재는 208석 규모의 드림홀을 개관하여 다양한 공연과 강연을 통해 소비자들과 소통하고 있다. 또한 KT는 서울 서부지역 유일의 클래식 공연장인 'KT체임버홀'을 서울 목동에 건립하여 활발히 운영중이다. 매달 2,3주 토요일마다 'KT와 함께하는 토요일 오후의 실내악'을 개최하여 클래식 음악가들에게 공연의 기회를 제공하는 한편 티켓 수익금을 전액 청각장애 아동치료 활동에 후원하기도 한다. 열악한 음악단체에게 공동 기획공연을 개최하여 무상으로 공연기회를 제공할 뿐만 아니라 매주 첫 번째 토요일

마다 중,고생 청소년을 대상으로 클래식 체험프로그램을 운영하고 있다. KT체임버홀에서 열린 공연을 디지털 콘텐츠로 제작하여 올레TV VOD서비스로 제공하고 있는데 VOP 서비스를 통해 공연장에 찾아오기 어려운 관객들에게 TV를 통해 고품질의 공연 감상의 기회를 제공한다. 또한 음악가들에게는 자신의 공연을 영구보관할 수 있도록 디지털 기록으로 제공하여 전파로 음성을 전달하는 통신사로서 '소리'를 세상에 널리 퍼뜨리고 있다. 통신과 문화예술 사업 간의 새로운 상생 모델을 제시했다고 할 수 있다(한국메세나협회, 2014).

(8) 크라운해태제과

크라운해태제과는 다른 예술 장르에 비해 기업의 후원이 약한 '국악'과 '조각미술'에 10년 이상 집중 지원하여 메세나의 진정성의 본보기를 제시한 사례로 손꼽힌다. 크라운해태제과가 국악후원 기업으로 유명해진 것은 윤영달 회장의 유별한 국악 사랑이 있었기에 가능했다. 2007년부터 국내 유일의 기업 소속 전통 국악단인 '락음국악단'을 창단하였고, 양주풍류악회를 후원하였으며 국내 유일의 기업 주관 국악음악제인 창신제를 비롯하여 대보름명인전, 전국아리랑경연대회, 서울아리랑페스티벌, 그리고 해외공연인 한국의 풍류 등 다양한 국악 축제와 공연을 개최했다. 이를 통해 국악 발전과 더불어 국악의 가치를 세계에 전파하는 데 크게 기여하고 있는 것이다. 2016년부터는 유네스코 인류무형문화재인 아리랑을 널리 알리기 위해 전국 아리랑 경연대회와 서울아리랑페스티벌 조직위원장을 맡아 광화문과 서울 일대에서 국악축제를 펼쳤다. 전통문화를 계승하고 전파하기 위해 임직원이 참여하는 국악 프로그램도 운영한다. 임직원 판소리, 시조, 가사 등 전통문화 교육과 발표회를 개최하며 각종 행사에 임직원과 함께 판소리 사철가 공연을 선보이기도 했다.

미술 조각분야 지원을 보면, 한국국제아트페어, 국제조각페스타 등 아트페어를 개최하여 신진 조각작가를 지속 후원하고 있다. 2007년부터 지금까지 32회 이상의 조각전시회 개최 및 29회의 공모전을 진행하여 조각 대중화에 기여하고 있다. 송추아트벨리 레지던시 프로그램 및 아시아 최대 규모의 조각 스튜디오를 운영하며 작품 창작 활동을 지원하고 있다. 윤영달 회장은 각종 전시회와 국악, 조각 등을 아우르는 아트경영에 앞장서고 있으며 모닝 아카데미, 독서회 등을 꾸리며 직원들과 직접 소통하는 오너로 알려져 있다. 2011년 몽블랑 문화예술후원자상을, 2016년 메세나대상 메세나인상을 받았다. 윤영달 회장은 인터뷰를 통해 크라운해태의 핵심 경쟁력을 '기술'이라고 말하며 직원모두 예술적 상상력과 철학을 바탕으로 제품을 개발하고 판매해야 한다고 주장했다. 직원을 대상으로 하는 예술적 상상력의 중요성을 강조한 말이다. 그래서 근무시간 8시간중 네 시간은 직원들에게 붓글씨, 조각, 국악, 조각, 음악, 운동 등 자기계발에 힘쓰라고 한다. 과자산업에 필요한 예술적 감각을 갖추기 위해 자기계발에 힘쓰도록 독려하는 것이다. 직원들이 창을 배우고 조각을 배우게 하는 것이 예술에 가까운 과자를 개발하는 데 분명 도움이 될 것이라는 믿음 때문이다. 크라운해태제과 직원들은 과자 박스에 잭슨 폴록의 작품 비슷한 비정형적인 무늬가 새겨질 수 있는 등 발상의 전환은 바로 예술적 사고에서 나온다고 믿고 있다(한국경제신문, 2017, 한국메세나협회, 2016).

(9) 이건산업

이건산업은 1990년부터 '이건 음악회'를 시작, 27년간 꾸준히 유지하여 메세나의 지속성에 대한 가치를 확립하고 중견기업 예술 후원의 본보기를 보이고 있다. 이건음악회는 당초 사업장이 위치한 인천 지역민에게 수준 높은 문화체험의 기회를 제공하여 지역 문화향유에 기여하고자 시작되었다. 이제 이건음악회는 우리나라를 대표하는 품격있는 기업 음악회로 자리매김하고 있다. 이건음악회를 통해 국내 음악팬과 조우한 단체로는 체코의 탈리히 현악 4중주단을 비롯 독일의 무지카 안티쿠아 쾰른, 베를린 필하모닉 목관 5중주단 등 다채롭다. 특히 현지에서 얻은 명성에 비해 국내 음악팬에게 많이 알려지지 않아 공연기획사들이 내한공연 유치를 주저한 단체와 솔리스트들이 상당 부분 포함돼 있어 중견기업의 음악회 주최 음악회로서는 매우 획기적이라는 반응을 보이고 있다. 이건음악회를 위해 초청된 베를린 필하모닉 목관 5중주단의 호르니스트 퍼거스 맥윌리엄은 "한국에서 25년간 무료 음악회를 여는 기업은 이건이 유일하다"며 "많은 나라의 여러 기업들이 큰 그림을 갖고 사회적 변화를 위한 기회를 부여한다면 구성원들의 삶을 변화시킬 수 있을 것이다"고 말했다. 이밖에 1999년부터 칠레에서 어린이 사생대회를 개최하여, 칠레 어린이들에게 꿈과 희망을 심어주고 있으며, 다양한 사회공헌 사업을 인정받아 2001년에는 칠레 정부로부터 훈장을 수여받기도 했다. 또한 중국 연변 지역 중고생들에게 장학금을 지원하고 있으며 1989년부터 남태평양 솔로몬 군도에 재단 및 국립미술관을 설립하여 문화 향유의 기회를 제공하고 있다(한국메세나협회, 2014).

(10) 해외 사례

1) 베네세그룹

일본의 나오시마는 기업의 메세나 활동과 환경재생 그리고 부동산 개발을 통하여 과거 버려졌던 섬을 베네세 재단의 후원으로 예술과 문화를 접목한 아름다운 미술섬으로 재생시킨 사례다. 미쓰비시 제련소의 쇠퇴와 환경오염, 산업폐기물, 인구 감소, 노령화 등으로 버려져 가던 이 나오시마 섬을 예술, 건축, 자연이 살아 숨 쉬는 공간으로 조성하여 명품 섬으로 만들었다. 우리나라 여의도와 비슷한 크기의 작은 섬인 나오시마 섬은 이제 30만 명 이상(2008년 기준)의 관광객이 찾는 예술의 섬으로 변모하였다. 일본 최대의 출판, 교육회사인 베네세그룹의 창업자 후쿠타케 회장은 기업의 이미지 제고와 실버산업으로의 영역 확장 등을 목표로 나오시마 프로젝트를 시작했다. 1987년 매입비용 약 10억엔을 들여 나오시마의 섬의 절발가량을 매입하면서 나오시마 섬살리기 프로젝트는 본격화 되었다. 1992년 세계적인 건축가 안도 다다오가 설계한 베네세하우스 건설을 시작으로 본격적인 인프라가 설치되었다. 이후 지중미술관, 이우환 미술관 등 이곳에서만 볼 수 있는 희귀성 있는 미술관들의 성공적 운영으로 인해 베네세 그룹은 브랜드 가치 상승으로 인해 세계적 불황에도 연매출 7.7% 증가(2008년 기준)를 기록하며 메세나의 성공사례를 보여주었다. 나오시마 섬은 이 프로젝트로 인해 젊은 층의 인구가 증가했으며, 관광객 증가로 섬이 활성화되었고 가가와현 내 35개 지자체 중 1인당 평균소득 1위(2007년 기준)를 기록했다. 기업의 지속적인 문화후원과 투자가 지역을 어떻게 변화시키고, 기업 이미지를 어떻게 제고하였으며, 브랜드 로열티를 얼마나 확보하여 매출액 증대에 기여했는지 그 경영성과를 여실히 보여주는 좋은 사례이다. 기업의 메세나와 연계한 지역재생으로 탄생한 일본 나오시마는 개발 이후 관광객이 지속적으로 유입되면서 기업의 부가가치 창출은 물론 지역주민의 질적 생활환경 확보 및 소득증가, 지역 자긍심 증대를 이루었다(한국메세나협회, 2015).

2) 아사히그룹

커뮤니티 발전을 위한 문화예술 사회공헌에 집중하고 있는 아사히 그룹은 1991년부터 지역주민과 내부 조직원들을 위한 '로비 콘서트'를 진행하고 있다. 직원들의 정서 함양과 문화예술 교감을 돕고 창조적인 마인드 개발을 목표로 도쿄 본사의 로비에서 시작해 현재는 일본 전역에서 약 150여 회의 콘서트가 개최된다. 뿐만 아니라 아사히 로비콘서트는 관객으로서 콘서트를 보는 것에서 끝나지 않고 프로그램에 직원들이 직접 참여, 아티스트와의 협주를 통해 자기 계발의 기회를 가질 수 있기도 하다. Asahi Beer Music Caravan for Children은 나무를 이용해 손쉽게 제작할 수 있는 타악기를 아이들이 직접 만들고 연주해보는 프로그램. 전문 연주가들이 함께 악기를 만들고 연주하기까지 아이들과 함께하고 있다. Asahi Beer Music Caravan for children에서는 새로운 체험 위주 문화예술교육 프로그램을 표방하며 아이들이 직접 악기를 만들고 연주해보는 등 수동적으로 보고 듣는 것에서 탈피한 새로운 체험학습의 성공 사례를 만들었다. 아사히의 예술교육 프로그램은 나무를 활용한 친환경적인 악기 제작, 프로그램의 진행을 통한 자사 소유의 숲 홍보, 예술교육 캠프 개최 등으로 환경 공헌과 문화 공헌의 합작을 시도해 사람들에게 건강한 기업의 이미지를 심어주는 데에도 성공했다. Sumidagawa Art Project는 '강변문화 활성화'를 목표로 시작한 지역 커뮤니티 기반 프로그램이다. 아티스트 및 지역사회의 구성원들이 함께 결합해 다양한 이벤트를 열고 아사히의 로비콘서트와 연계한 문화예술 활동도 있다. 2009년부터 시작된 이 프로젝트는 무려 80년의 장기 플랜으로 계획되어 2089년 막을 내릴 예정이라고 한다. 이밖에 2007년부터 아사히 아트스퀘어, 아사히 아트 페스티벌도 지금까지 꾸준히 후원하고 있다(한국메세나협회, 2015).

Chapter 02

메세나를 통한 조직문화 강화의 필요성

1. 메세나와 조직문화

급속도로 발전하는 현대 시장경제에서 소비자는 상품의 품질과 기능뿐만 아니라 그 상품을 만든 기업에 대한 이미지에 큰 가치를 두고 최종 구매를 결정한다. Herbig & Milewicz(1993)는 기업의 이미지가 소비자 구매행동에 직접 혹은 간접적인 영향을 미치기 때문에 기업 평판이 좋다고 느낄수록 소비자들은 해당 기업의 제품에 우호적 입장을 표명할 확률이 커진다고 주장했다. 소비자와 기업 간의 다양한 커뮤니케이션 도구 가운데 메세나는 문화예술을 활용하여 기업을 자연스럽게 인지시킬 수 있기 때문에 기업 이미지를 긍정적으로 만드는 데 중요한 역할을 한다.

메세나(Mecenat)는 고대 로마 아우구스투스 황제 시절 문학과 예술을 후원한 정치인 마에케나스(Gaius Clinius Maecenas)의 이름을 딴 프랑스어로, 우리나라에서는 기업의 문화예술을 지원하는 활동을 일컫는 용어로 통용되어 사용되고 있다(한국메세나협회, 2016). 한국메세나협회가 실시한 '2015년 기업의 문화예술지원 현황 조사' 결과에 따르면 국내 기업들의 연간 메세나 총 지원 비용은 1,805억 원으로 전년 대비 1.9% 상승한 것으로 나타났다. 장기적인 경기침체에도 불구하고 기업들이 메세나 활동을 유지 또는 확대하는 이유는 기업의 사회적 정당성 확보와 이미지 제고, 기업 인지도 제고, 가격 프리미엄 획득 및 매출 증대, 고객 유치, 종업원 혜택이라는 다양한 기업 이득이 발생하기 때문이다(호주 문화인문재단, 1999).

그러나 메세나는 오랫동안 돈 많은 기업인의 통 큰 기부나 재산 축적의 수단이라는 부정적 의미가 부각되어 기업 경영 측면에서 큰 주목을 받지 못했던 활동이었다. 특히 '기부'라는 메세나의 원론적인 정의에 몰입되어 그 투자가치에 대한 경영적 측면에서 의미부여를 받지 못한 것이 사실이다(김주호, 2012). Piquet & Sellen(2015)은 메세나가 스폰서십이나 협찬과는 다르게 시혜적인 성격의 지원활동으로 구분되며, 기업의 가치를 이어 나가거나 지키는 활동적 특성을 가지고 있다고 주장했다.

메세나는 이처럼 자선적 의미의 기부 활동을 의미하는 사회공헌적 관점과 함께 기업 인지도 향상 및 이미지 제고 등을 위한 홍보나 마케팅적 관점에서도 그 가치와 효용성이 해석되고 있다(윤민영, 2012; 민민식, 2002; 오유민, 2007; 양현미 등, 2002; 이인택, 2012; 황낙건, 2014). 메세나는 단기적인 마케팅적 목적보다는 브랜드 가치 구축 측면에서 더욱 효과적이고, 특히 명품의 기업 브랜드 이미지 구축에도 큰 효과를 볼 수 있다(문달주 · 허웅 2006; Javalgi *et al.*, 1994).

선행연구들에 따르면 실제로 메세나는 중 · 장기적으로 기업 이미지에 긍정적 영향을 미치며, 기업의 마케팅 전략의 잠재적 동기가 되는 측면이 강화되고 있다고 입을 모으고 있다(민동원, 2001; 오유민, 2007; 김민주 등, 2005). 마케팅적 관점에서의 기업 메세나 활동은 수익을 목표로 하는 각종 마케팅 영역 중 일부분으로써 기업들이 창조적이면서도 혁신적인 마케팅 전략을 구축하기 위해 문화를 활용하는 마케팅 활동이라고 할 수 있다. 메세나를 마케팅적 도구로 활용함으로써 홍보효과, 생산성 향상은 물론 브랜드 이미지와 고객 충성도에 긍정적 영향을 미칠 수 있다(황낙건, 2014; 이인택, 2012; 이호근 · 이준엽, 2013; 유호종 · 이민순, 2009). 또한 기업 이미지 제고뿐만 아니라 소비자의 호혜성 지각과 기업 신뢰, 나아가 구매의도에도 상당한 기여를 한다(방광수 등, 2015).

사회공헌적 관점의 메세나 활동은 기업의 박애정신과 사회적 책임의식에 호소하는 순수한 자선적(Philanthropy) 의미의 기부 형태로써 기업의 사회공헌 활동의 일환으로 인식되고 있다(윤민영, 2012; 이인구, 2013; 유승엽 · 김은희, 2007; 김영찬 등, 2009). 그런 의미에서 메세나는 노블리스 오블리주(Noblesse Oblige)로서의 사회적 환원과 고객 및 지역민과 소외계층에 문화적 혜택을 제공하는 한편, 문화예술 발전과 문화를 통한 지역사회 발전을 동반하면서 동시에 기업의 브랜드 이미지를 세련되고 품격 있게 향상시킬 수 있다.

금호아시아나그룹은 수십 년째 다양한 음악영재 후원 활동을 펼치며 우리나라를 대표하는 메세나 기업으로 손꼽히고 있다. 전도유망한 음악 영재를 선발하여 자체 운영 공연장을 통한 공연 기회를 제공하고 있으며, 국제 콩쿠르에 참여하거나 해외 공연 시 항공권을 제공하고 고가의 악기를 무상으로 대여해 주고 있다. 삼성그룹과 대림산업의 미술관 운영을 통한 대국민 미술품 관람의 기회 제공 또한 미술을 통한 기업 메세나의 성공사례로 손꼽힌다. LG그룹, GS칼텍스, 롯데그룹, KT&G의 대형 공연장 설립과 운영, 크라운해태제과의 국악 후원, 두산그룹의 미술가 레지던시 프로그램, CJ의 창작 콘텐츠 및 인디밴드 지원 사업 등 기업들의 다양한 메세나 활동은 기업 홍보나 사회공헌의 취지를 넘어 대한민국 예술 발전과 국민 문화향유에 큰 기여를 하고 있다.

이러한 기업 외부활동 측면과 함께 메세나는 기업 내부 문화와 조직원의 조직만족 및 충성도 제고를 위해 활용될 수 있다. 기업 메세나 활동은 기업 이미지와 브랜드 소비 촉진을 넘어서 내부 조직원들의 감성 역량 강화 및 조직문화 개선을 위한 측면에서 중요한 역할을 하고 있으며, 이를 통한 메세나 활동의 직원 참여가 강화되고 있는 실정이다. 이는 곧 기업의 내부 조직 관점에서의 메세나 및 문화마케팅의 효과와 필요성에 대한 연구적 논의가 필요함을 의미한다. 최근 경기침체에 의해 문화예술 사업들이 축소될 수 있는 환경에도 불구하고, 공연장이나 미술관 등 문화시설 운영이나 문화단체 순수 지원을 비롯한 조직원 대상 문화예술 교육 프로그램 지원 비용이 꾸준히 상승 또는 유지되는 것은 기업의 예술후원 및 문화 활동이 조직 경영에 있어 효과성을 가질 수 있음을 반증하고 있다(한국메세나협회, 2016). 이렇듯 메세나는 예술 후원, 문화마케팅, 사회공헌 활동 측면에서의 논의를 넘어 조직원의 관계, 감성, 업무 및 조직문화 강화 측면에서 접근되어야 할 필요가 있다.

기업과 내부 조직원들과의 긍정적 관계 형성에 있어 메세나가 호의적 효과를 발휘할 수 있으며, 조직원들의 개인적 관심과 조직문화 간의 관계를 강화시킴으로써 조직성과는 물론 조직문화 개선과 조직신뢰를 향상시킬 수 있다는 사실은 틀림없어 보인다(김석 · 전상경, 2013; 오세진 등, 1996).

기업 내부 직원들의 관점에서 연구된 논문 중 특히 김소영 · 임승희(2012)의 '기업의 문화마케팅이 조직성과에 미치는 영향'에 관한 연구 모델은 학술적 측면에서 보다 확대 발전될 필요가 있다. 해당 연구에 따르면, 문화예술을 통한 기업의 내부 및 외부 문화마케팅이 조직만족과 조직몰입을 높이는 데 기여를 함에 있어 업종이 서비스업일 때, 직원이 문화 관람의 경험이 많고, CEO의 문화마케팅 의지가 높을 때 그 효과가 크다고 주장했다. 그러나 이 연구는 문화마케팅의 내부 효과를 조직 만족, 조직몰입의 차원에서 규명했으나 그 효과의 메커니즘에 대한 실증적 검증 결과는 제시하지 못했다. 예컨대, 외부 문화마케팅이 조직성과에 영향을 미치는 데 있어 조직원들의 기업에 대한 자부심, 애착, 또는 신뢰 수준이 높아진 결과로 유추해 볼 수 있다는 것이다. 이는 조직 효과를 발생시키는 구조적, 심리적 메커니즘의 규명에 대한 연구가 필요함을 의미한다. 기존 모델을 통해 조직성과 확대를 위한 요인으로 참여도, 참여의지, 해당 프로그램이나 가치에 대한 애착도 등의 요인을 추출할 수 있다.

실제로 많은 기업들이 단발성 공연 후원이나 저소득층 대상 CSR 성격의 사업들을 뛰어 넘어 조직원이 직접 참여하는 예술 활동과 사회공헌 프로그램을 확장하고 있는데, 이러한 참여 활동을 통해 조직성과와 조직문화 강화 및 조직원들의 정서적 만족도 향상을 이끌어 내고 있다.

대표적인 사례로 '한화 예술더하기' 사업을 살펴볼 수 있다. 한화그룹 전사적 차원에서 진행하고 있는 이 사업은 2009년부터 지금까지 지속적으로 운영 중에 있으며, 올바른 메세나-조직원 참여-사회공헌 융합사례로 손꼽힌다. 문화향유의 기회가 적은 전국 저소득층 어린이들에게 미술, 음악, 무용, 전통 예술교육가나 예술가를 파견하여 정기적인 교육을 진행하는 데 있어 해당 복지관이나 지역아동센터 인근에 위치한 한화 계열사 사업장과 일대일 매칭하여 해당 직원들도 예술교육에 참여하게 하는 자원봉사 프로그램이다. 시행 결과 수혜 어린이들의 우울감과 공격성, 자기비하는 낮아졌고 창의력과 유머감각, 환경에 대한 관심도는 높아졌으며, 자원봉사로 참여한 조직원들에게도 큰 변화가 일어났다. 조직원들의 조직 시민행동과 조직신뢰, 조직 동일시와 조직 만족, 조직 몰입, 업무 열의도가 크게 향상되었다(한화예술더하기 사업평가보고서, 2014). 이 프로그램의 성과를 인정받아 한화는 2011년 메세나대상을 수상했다. 한화사회봉사단이라는 전담 부서를 주축으로 매 3년마다 예술, 환경, 에너지 등 전사적 차원의 콘셉트의 변화에 맞춰 전략적이고 융통성 있게 꾸준히 시행되고 있어 메세나 모범 사례를 만들고 있다.

이밖에도 포스코의 1%나눔 운동과 임직원 재능봉사, 산업공단 찾아가는 음악회, 금호아시아나그룹의 직원 로비음악회, 샘표의 임직원과 예술가들이 참여하여 꾸민 R&D연구소, 두산그룹의 가족음악회 등 기업들은 예술적 콘셉트의 장소를 만들어 제공하거나 문화예술 교육을 확대하고 문화예술 지원활동에 임직원들을 참여하게 하는 프로그램을 꾸준히 늘려가고 있다. 직원 참여를 유도하는 기업들의 이 같은 새로운 메세나 전략들이야 말로 조직원 관점에서의 메세나 효과에 대한 실무적, 학술적 연구의 필요성과 당위성을 제시하는 이유라고 할 수 있다.

Chapter 03 메세나의 이해 및 연구 동향

1. 메세나와 문화 마케팅, 내부 문화마케팅

(1) 메세나(Mecenat)

메세나는 고대 로마제국 시대에 예술 창작활동 후원에 앞장서 로마 문화번영에 큰 역할을 한 가이우스 클리니우스 마에케나스(Caius Clinius Maecenas, BC 76~AD 8)의 이름을 딴 프랑스어다. 메세나는 15세기 이탈리아 피렌체를 기반으로 문화의 르네상스 시대를 주도한 메디치가문(Medici)이나 미국의 록펠러가(家), 미국의 카네기가(家) 등 활발한 문화공헌과 예술후원에 집중한 유명 기업인이나 가문으로 쉽게 설명된다(한국메세나협회, 2016). 특히 300여 년 간 지속적인 예술후원을 한 메디치가(家)는 당대 수많은 예술가, 철학자, 과학자 등 다양한 분야의 전문가 간 이질적 집단의 교류를 통해 새로움을 창출해냈다. 이를 통해 사회공헌, 문화투자, 부의 재창출의 순기능 원리를 터득하여 문화공헌을 통한 기업 이미지 관리가 새로운 부(富)를 창출하기 위한 사회적 투자임을 증명했다. 당시 메디치 가문이 주력하고 있던 금융업과는 이질적인 예술, 과학, 상업, 철학이 함께 소통하고 협업할 수 있는 장을 마련함으로써 다름을 가능성으로 인정하여 재원배분을 극대화한 것이다(서울신문, 2017; 서울경제, 2017). 미국에서는 1966년 미국 체이스맨해튼 은행 회장 데이비드 록펠러가 기업 사회공헌 예산 일부를 문화예술 활동에 할당하자고 건의한 것을 계기로 1967년 미국기업예술후원회가 발족되어 활발한 활동을 펼치고 있다. 전세계 25개국 30여개 메세나 관련기구가 조직되어 운영중에 있으며 메세나는 이미 세계적인 개념으로 자리하고 있다(한국메세나협회, 2016).

우리나라에서의 메세나는 1960년대 중후반부터 삼성, LG 등 대기업들이 이미 문화재단을 설립하여 예술가를 지원하기 시작하면서 시작되었다. 이후 1980년대부터 예술계를 중심으로 민간의 예술참여를 유도하기 위한 학술 세미나와 캠페인을 꾸준히 개최되어 예술후원에 대한 여론이 형성되고 있었다. 88서울올림픽의 성공적인 개최로 인해 국력이 크게 성장되면서 예술에 대한 관심도 늘어났다. 1990년대 우리나라는 1인당 GNP 2만 달러를 목표로 개발도상국에서 선진국으로 진입하기 위하여 경제발전에 매진하며 눈부신 성장을 이루고 있었다. 이 시기에 정치, 경제계 일각에서는 '돈벌이에 급급할 게 아니라 새로운 가치에 눈을 돌려야 한다'는 예술지원의 가치에 대한 관심과 움직임이 서서히 일기 시작했다. 국가 이미지의 제고를 위해서 예술발전은 필수적이라는 인식과 함께 그러기 위해서는 "경제와 예술발전은 함께한다"는 문화선진국 모델이 공감을 얻기 시작한 것이었다. 1994년 전국경제인연합회와 5개 경제단체에 의해 한국메세나협회가 설립되었다. 협회 설립 직후에는 해외 메세나 기구와의 교류와 회원사간 네트워크, 메세나음악회 등을 통한 메세나 정신 확립, 해외 기업의 메세나 사례 연구 등에 주력한 것으로 알려졌다. 한국메세나협회는 현재 기업과 예술의 만남, 문화공헌 사업, 중소기업 매칭펀드, 메세나 회원 음악회, CEO문화포럼 등 기업들과 함께 다양한 사업을 진행하고 있다. 현재 경남메세나협회, 제주메세나협회 등 지역별로 협회가 조직되어 각 지역 기업들과 예술단체의 교류와 함께 윈윈할 수 있는 사업들을 진행 중에 있다(한국메세나협회, 2014).

문화예술의 장점을 활용한 문화마케팅 또는 문화공헌 활동에 공을 들여 메세나 홍보 효과를 만끽한 기업들의 사례는 언론에도 자주 등장한다. 크리스찬 디올, 루이비통, 펜디, 불가리, 지방시, 태그호이어 등 70개가 넘는 럭셔리 브랜드를 보유하고 있는 프랑스 패션그룹 LVMH을 이끄는 베르나르 아르노(Bernard

Arnault) 회장은 프랑스 최고의 메세나인(人)으로 손꼽히고 있다. 지난 십수년간 베르사이유 궁전 복원사업과 루브르 박물관을 지원하는 등 문화유산의 보존과 재건을 위해 노력하였으며 각종 대형 미술전시회 후원과 신진 미술작가 후원도 지속적으로 진행하고 있다. 일본 도요타도 세계적으로 저명한 오케스트라를 초청해 문화향유의 기회를 오랜기간 제공한 '도요타 콘서트' 덕분에 예술을 지원하는 동시에 회사 이미지를 상승시키는 효과를 톡톡히 본 것으로 알려져 있다. 금호아시아나그룹은 IMF 당시에도 회사 경영의 어려움과 내부의 반대에 부딪혔지만 예술후원에 대한 강한 신념으로 장기적인 문화예술 지원을 추진하여 현재 한국의 대표적인 '문화기업'으로 알려져 있다.

원래 메세나는 문화예술 · 스포츠 등에 대한 원조 및 사회적 · 인도적 입장에서 공익사업 등에 지원하는 기업들의 지원 활동을 총칭하는 용어로 사용되었으나 우리나라에서는 일반적으로 순수 문화예술, 문학을 후원하는 기업의 활동을 총칭하는 용어로 사용되고 있다(한국메세나협회, 2016). 이후 각 기업마다 다양한 방법으로 메세나 활동을 진행하고 있으며 소비자들의 문화소비 욕구가 극대화되고 있는 현대사회에 들어 기업들은 전략적으로 예술후원과 문화마케팅에 열을 올리고 있다. 기업의 메세나 활동은 일방적이고 일시적인 후원이 주를 이루던 1세대에서 점차 발전하여 마케팅 전략의 일환인 스폰서십이 주를 이루는 2세대, 그리고 문화예술을 통해 다양한 기업문제를 해결하는 파트너십으로 운영되는 3세대 등으로 그 성격과 개념이 발전해 가고 있다(윤지영, 2017; 김소영, 2013).

(2) 메세나 관련 기존 연구

국내에서 문화예술 및 스포츠 원조, 사회적 · 인도적 입장에서의 공익사업 지원을 뜻하는 말로 사용되고 있는 메세나는 어원학적으로 자유의지에 의해 자신의 삶과 가능한 수단을 예술, 문학 등의 분야에 헌신하는 사람을 의미한다(문달주 · 임언석, 2005). 국내 메세나 연구들은 〈표 1〉과 같이 다양한 관점에서 설명되고 있는데, 사회공헌적 관점에서의 메세나는 기업의 박애정신을 요구하거나 사회적 책임의식에 호소하는 자선적 의미의 기부 활동을 의미한다(윤민영, 2012; 민민식, 2002). 그러나 이와는 반대로 마케팅적 관점에서 메세나는 기업 이윤의 사회적 환원과 기업 인지도 향상 및 이미지 제고라는 홍보 전략의 수단으로 알려져 있으며, 기업의 마케팅 영역 중 일부분으로써 기업들이 예술작품이나 예술의 가치를 주로 활용하는데 예술이 주는 고급 이미지를 이용한 보다 혁신적인 마케팅 전략을 구축하기 위해 메세나 활동을 활용하기도 한다. 특히 마케팅 관점에서의 메세나 활동은 잠재적 수익을 창출할 수 있으며, 정기적인 활동은 물론, 보다 다양한 경영 활동 영역에서 활용될 수 있다고 제시하고 있다(오유민, 2007; 양현미 등, 2002; 이인택, 2012).

| 표 1 | 대표적인 국내 메세나 연구

연구자(년도)	내 용
민민식 (2002)	기업과 문화예술 분야가 협력적인 파트너십을 기반으로 하여 상호 호혜적인 관계를 유지할 수 있도록 제공하는 마케팅적 형태라고 정의
양현미 등 (2002)	메세나는 기업이 메세나를 통해 문화예술에 후원하는 형태에서 나온 부산물이 아니라 기업의 목표 자체가 마케팅적 접근인 이윤 극대화라는 전략으로 변화하였다고 제시
민민식(2002), 윤민영(2012),	메세나는 기업의 박애정신과 사회적 책임의식을 강조하는 순수한 자선적(Philanthropy) 의미의 기부형태로써 이는 기업의 투자비용 대비 수익이 발생되지 않는 기업의 후원 활동으로 제시
오유민(2007)	소비자들이 기업 메세나를 마케팅적 관점으로 인식할수록 해당 기업의 브랜드 자산 형성은 물론 브랜드 이미지에 긍정적인 영향을 미친다고 제시
이려정 · 유행주 (2008)	문화예술지원(메세나) 활동에 대한 소비자의 인식 정도가 기업이미지와 구매의도에 영향을 준다고 제시
박민생(2009)	기업 이미지 개선, 마케팅관점, 세제혜택 등 기업의 사적인 이익과 직결됨을 제시
유호종 · 이민순 (2009)	소비자 자신이 문화예술에 대한 관심이나 중요성을 가진 소비자일수록 홍보효과가 크다는 사실 제시
김동준(2011)	고객은 주관적 평가에 의해 메세나가 후원적 성격을 지니고 있다고 생각하며, 이는 기업 이미지에 유의한 영향을 미친다고 제시

연구자(년도)	내 용
전성률(2012)	기업의 문화후원 건수가 매출액과 영업이익, 당기 순이익 등 재무성과에 유의한 영향을 미치며, 메세나 콘텐츠를 개발하여 적용한다면 브랜드 파워를 더 강하게 할 것이라고 주장
김소영 · 임승희 (2012)	문화예술을 통한 기업 문화마케팅 활동들은 조직성과들 가운데 조직 만족과 조직 몰입을 높이는 데 기여를 한다는 사실 제시
이인택(2012)	메세나 활동이 기업 이미지 형성에 도움을 주며 고객 충성도와 구매의도를 높인다는 것을 마케팅 측면에서 제시
곽동성 등 (2013)	기업의 메세나 활동과 스폰서십, 그리고 공익광고가 기업의 이미지 제고, 기업 이미지, 브랜드 태도에 긍정적 영향 미친다고 제시
이남준(2013)	기업 메세나 활동과 재무적 성과 간의 관계를 자선적 측면에서 제시
유소영(2014)	메세나를 통한 기업의 이미지 제고와 더불어 경제적 효과를 분석하여 문화예술 지원의 활성화에 대한 방안 제시
황낙건(2014)	기업 메세나 활동은 생산성 향상, 홍보, 기업 발전 등 문화 마케팅적 관점에서만 브랜드 및 기업 이미지에 긍정적이라고 주장했다.

특히 황낙건(2014)은 기업의 위기관리를 통한 사회적 네트워크 강화 등의 목적으로 활용되는 위기관리적 측면, 그리고 생산성 증대를 비롯하여 임직원의 자부심, 신규직원 채용 등에 활용되는 내부 조직 측면에서 메세나를 설명하여 눈길을 끈다. 시장 측면에서의 메세나 효과가 기업의 핵심 목표인 매출 증대는 물론 기업 인지도 확대와 가격 프리미엄 획득이라는 성과를 창출함과 동시에 종업원 측면에서도 기업 내부적 경영활동으로써 직원들에게 다양한 문화혜택을 제공하여 조직 내 네트워크 강화나 생산성 증대라는 조직 효과를 얻을 수 있다는 것이다(황낙건, 2014).

김선화 · 이영선(2011)은 문화경영이 직원의 인사제도, 리더십, 근무환경, 그리고 기업문화, 조직운영, 업무 효율성과 같은 경영 환경 전반에 긍정적으로 유의한 영향을 미친다고 주장했다. 노연희(2010)는 직원의 기부나 자원봉사 등의 참여활동이 직접적으로 직원 화합에 영향을 미치지 않으며, 사회공헌 활동에 대한 직원의 평가를 매개로 하여 조직화합에 간접영향을 준다는 또 다른 결과를 제시하고 있다. 또한 문화마케팅 활동에 대한 직원의 인식 수준에 따라 기업 명성, 직무만족, 자아 존중감, 조직 동일시, 조직 시민행동 등과 긍정적인 관계가 있음을 기존 선행연구들을 통해 살펴볼 수 있다(Kim *et al.*, 2010; Peterson, 2004; 윤각 · 류지영, 2011). 이로써 조직 내부적 관점에서 기업 메세나 활동을 순수 문화예술 기부 활동과 더불어 직원 문화예술 교육이나 예술동아리 지원을 하는 내부 문화마케팅도 메세나의 범주에 포함할 수 있는 이론적 근거를 마련했다.

(3) 문화마케팅(Culture for Marketing)

문화에 대한 소비자들의 욕구를 충족시켜주기 위하여 문화를 주제로 한 각종 서비스와 상품을 제공하는 차원에서의 문화마케팅 역할은 점차 중요성을 더해가고 있다. 이처럼 문화에 대한 소비자들의 관심이 확대되면서 이에 맞춰 문화를 경영철학과 마케팅 전략에 접목시키려는 기업들의 시도는 점차 적극적으로 변모하고 있다(변경희 · 이성근(2011). 기업들이 이제 물질적, 기술적 힘에서 감성적, 문화적 힘으로 전이되고 있는 21세기 문화의 시대를 맞아 이윤추구에서 나아가 사회에 봉사하고 윤리경영을 실천하며 문화, 예술적 품격을 갖추지 않는 한 경쟁에서 살아남을 수 없음을 인지하게 되면서 문화마케팅에 대한 전략은 치밀해 질 수밖에 없다(류미애 · 박옥련, 2012). 문화마케팅은 기업이 브랜드의 포괄적 이미지 향상을 위하여 문화 또는 예술과 관련된 이벤트나 사업을 후원하거나 직접 기획, 집행하는 일련의 마케팅 활동으로서 기업은 문화를 토대로 소비자와의 원활한 교환을 통해 부가가치를 창출하고자 문화를 공유한다(서창희, 2008).

문화마케팅에 대한 선행연구들은 두 가지로 문화마케팅을 구분하기도 한다. 일반 기업의 문화 지원이나 문화 경영 또는 문화를 활용하여 기업의 이미지와 가치를 증대하는 활동을 말하는 문화를 통한 마케팅(Culture for Marketing)과 문화산업 자체의 마케팅 활동인 문화를 위한 마케팅(Marketing for Culture)이 그 것이다(김소영 · 곽영식, 2003). 후자는 기업이 예술을 활용하는 의미의 경영예술과 미술관, 공연장 등 예술을 주업으로 삼고 있는 기관이나 예술단체의 자체적 마케팅 활동을 의미하는 예술경영의 구분과 비슷한 개념이다. 본 연구에서 다루는 문화마케팅은 경영예술과도 그 뜻을 같이 한다. 경영예술은 예술이 경영을 도와주는 의미로서 경영자가 새로운 환경에서 부가가치를 창출할 수 있도록 예술가가 경영자의 창조적 역량 개발을 도와 준다(조동성, 2014).

문화마케팅 활동이 기업 및 브랜드 이미지를 향상시키므로 특히 패션업체, 명품 브랜드들은 자사 브랜드와 기업에 대한 이미지를 향상시키고 기업의 사회적 위치를 확보하기 위해 문화마케팅을 적극 지원하게 된다(이윤경 등, 2009). 문화적 요소를 마케팅에 적극 활용하는 기업에 관심이 많거나 다양한 문화행사에 참여해 본 소비자일수록 해당 기업의 건실하고 신뢰감 넘치는 기업이라고 생각하고 구매태도에도 긍정적 영향을 미친다(류미애 · 박옥련, 2012). 신성혜(2004)는 문화마케팅이 고객에게 기업의 이미지를 호의적으로 제고시킬 수 있는 수단으로서 기업에 직접적 이익을 가져다 주는 문화투자라고 강조했다. 또한 김소영(2003)은 효과적인 문화마케팅을 위해 기업과 브랜드 이미지와 적합한 문화예술 장르를 지원하는 것이 매우 중요하다고 주장했다.

김민주 등(2005)은 문화란 특정한 사회나 집단의 구성원들이 공유하고 있는 행동양식이나 사고방식이며, 문화의 일부분에 해당하는 예술은 보다 창의적인 요소에 의해 만들어지는 고급 작품의 성격이 짙다고 말했다. 이런 정의를 볼 때 문화마케팅이란 문화를 기반으로 이뤄지는 모든 마케팅 활동이라고 정의할 수 있다. 문화마케팅은 이렇듯 제품과 많은 소비자들간의 접촉을 꾀하고 문화사업의 임무와 일치하는 목표에 도달하기 위해 제품에 관심을 가질만한 시장에 접근하는 한편 가격, 유통, 판촉과 같은 상업적 변수를 제품에 맞게 적용하는 '기술'인 것이다(김민주 등, 2005). 이밖에 선행연구들을 살펴보면 기업들이 문화마케팅을 활용하는 방식에 따라 문화판촉(Sales), 문화지원(Sponsorship), 문화연출(Synthesis), 문화기업(Style), 문화후광(Spirit)으로 구분하기도 한다(심상민 · 민동원, 2002; 문달주 · 허웅, 2006).

(4) 내부 문화마케팅

많은 조직들이 고객의 개념을 확대하면서 마케팅에 대한 인식을 조직의 외부 고객에서 내부 고객으로 종업원을 인식하게 되었다(Gummesson, 1987). 이처럼 내부 마케팅(Internal Marketing)은 조직원을 조직 내의 내부 고객으로, 직무를 조직 내의 제품으로 인식하여 그 제품을 내부고객의 욕구와 합치할 수 있도록 계획하는 것이다(Berry,1981). 이보영(2006)은 내부 마케팅에 대해 인적자원의 중요성과 관련하여 조직원을 최초의 고객으로 보고 그들에게 서비스 마인드나 고객 지향적인 사고를 심어주어 더 좋은 성과를 낼 수 있게 동기부여를 하는 내부 지향적 마케팅 활동이라고 정의했다. 조직 내의 인적자원을 대상으로 한 마케팅 활동을 의미하는 내부 마케팅에 대해 Sasser & Arbeit(1976)는 외부 고객에게 제품 및 서비스를 제공하기 전에 먼저 내부 고객인 조직원에게 내부 제품이라 할 수 있는 직무를 판매할 수 있어야 하며 조직원에 대해 외부 고객과 동일한 주의를 기울여야 한다고 주장했다. 종업원도 하나의 고객으로 간주하고 고객 지향적 사고와 태도를 가질 수 있도록 요구하고 훈련해야 한다는 것이다(곽상종, 2008). 내부 마케팅의 실행요인은 교육 훈련, 경영층의 지원, 내부 커뮤니케이션, 종업원 관리(보상시스템) 및 외부 고객과의 의사결정에 대한 종업원 관여, 개발(Development), 보상(Reward), 비전(Vision), 외부 커뮤니케이션, 권한 위임, 보상/승진, 사내 커뮤니케이션 및 상사와의 관계 등으로 구성되어 있다(Gronroos, 1990; Money & Foreman, 1996; Condiut & Mavondo, 2001; 정기한 등, 2004).

Edward(2001)는 인재전쟁이 가속화된 데에는 산업화 시대에서 정보화 사회로의 변화, 인재에 대한 기업의 수요 집중, 이직의 증가세가 중요한 역할을 하였음을 지적하면서, 뛰어난 인재가 많은 차별적 가치를 창출할 수 있지만 이들의 조직에 대한 헌신은 단기적이기 때문에 이직 성향이 있다며 효율적인 인적 관리를 위한 내부 마케팅의 역할의 중요성을 강조했다. 우수 인력이 조직을 떠나지 않는 이유는 승진 기회, 도전적 직무기회, 교육훈련기회, 일하기 즐거운 기업문화, 다양한 업무 기회, 높은 임금, 회사의 명성 등 다양하다(최병권, 2005). 기업들이 우수한 인력을 유인하여 확보하고 유지할 수 있는 방법의 하나가 바로 매력적인 직장 이미지를 포함한 긍정적인 고용브랜드 가치(Employment Brand Value)를 구축하는 것인데 특히 그 기업이 종사원들에게 어떤 가치를 제공할 것인지에 대한 종사원 가치의제(EVP: Employee Value Proposition)를 분명히 하는 것이 매우 중요하다(최종학 등, 2011).

조직원을 대상으로 하는 문화예술 교육 또는 기업의 문화적 사회공헌 활동에 조직원의 참여를 독려하는 것은 대표적인 기업의 내부 문화마케팅 활동이다(김소영 · 권순원, 2009). 문화예술에 대한 지원과 사회복지 활동과의 융합화는 긍정적 기업 이미지를 형성하는 데 있어 중요한 역할을 하며, 결국 이러한 문화예술을 통한 사회공헌 활동과 내부 문화마케팅은 기업 이미지 강화뿐만 아니라 조직 만족, 조직신뢰, 조직 시민행동, 조직몰입 등과 같은 조직 역량 강화나 조직성과에 영향을 미친다(Winters, 1986; 김해룡 · 이형탁, 2010; 윤각 · 류지영, 2011). 특히 최근 기업 메세나는 조직원 참여와 같은 다양한 융합 프로그램으로 운영하며, 기업과 브랜드 이미지 확대에서 발전해 조직과 조직원 성과를 내고 있어 주목을 받고 있다(김소영 · 임승희, 2012). 그러나 다른 한편으로 조직원 참여형 메세나 활동은 기본 직무 이외의 추가적 부담으로 생각하기 때문에 일반적으로 기업들은 메세나 활동에 대해 조직원들과 적극적으로 의사소통을 하지 않을 뿐만 아니라 조직적 효과 측면에서 기대 이하일 것이라고 추측해 왔다(김해룡 · 이형탁, 2010). 그럼에도 불구하고 특히 내부 종업원을 대상으로 하는 문화마케팅 활동은 상사나 동료들과의 관계 증진 향상을 기대할 수 있으며, 조직 인사제도와 리더십, 근무환경, 그리고 업무 효율성, 조직운영, 기업문화와 같은 경영환경 전반에 긍정적으로 유의한 영향을 미치게 된다(Thompson, 2000). 결국 조직원들의 예술체험 활동은 업무 관련한 창의성, 조직신뢰, 업무성과에도 긍정적인 영향을 미칠 뿐만 아니라 조직 만족과 조직몰입을 높이는 데에도 기여할 수 있다(김소영 · 임승희, 2012; 박강희, 2013).

| 표 2 | 메세나와 기업 내부 마케팅 관련 연구

Thompson(2005)	내부 종업원 대상의 문화마케팅 활동은 상사와 동료 간에 관계 증진 향상을 기대할 수 있음
노연희(2010)	사회공헌 활동에 대한 직원의 평가를 매개로 하여 조직화합에 간접영향을 줄 뿐, 직원들의 기부나 자원봉사 등 참여활동이 직접적으로 직원 화합에는 영향을 미치지 않을 수 있음
Kim *et al.*(2010), 윤각 · 류지영(2011)	문화마케팅 활동은 종업원의 인식 수준에 따라 직무만족, 조직시민행동, 자아존중감, 조직 동일시, 기업 명성 등과 긍정적인 관계가 있음
김선화 · 이영선 (2011)	문화경영은 리더십, 근무환경, 직원의 인사제도, 그리고 기업문화, 업무 효율성, 조직운영 등과 관련한 경영환경 전반에 긍정적인 영향을 미침
김소영 · 임승희 (2012)	내부 문화마케팅이 조직 만족과 조직몰입을 높이는 데 기여함
박강희(2013)	임직원 예술 체험 활동은 업무 창의성, 조직신뢰, 업무성과에도 긍정적인 영향을 미침
황낙건(2014)	종업원 측면에서의 메세나는 기업 내부적 경영활동으로써 직원들에게 다양한 문화혜택을 제공하여 직원들 간 네트워크 강화나 생산성 증대의 효과를 얻을 수 있음

기업의 내부 문화마케팅 활동으로써 조직원을 대상으로 제공되는 메세나는 임직원의 문화예술 관여도와 심리적 혜택, 문화예술 관람 행동 증진 등의 효과를 가질 수 있다(임승희, 2012). 더욱이 최근 국내 조직원 대상 메세나 활동은 독서경영, 공연, 영화 관람 및 예술동호회 활동 지원, 문화예술 교육 프로그램, 문화예술을 활용한 직무능력 개발, 임직원과 임직원 가족을 대상으로 한 예술 프로그램, 문화적 사회공헌 활동 자원봉사 프로그램, 회사 건물에 문화예술 공간 제공 등 다양하게 이루어지고 있다(한국메세나협회, 2009). 결국 기업 조직원들에게 적절한 메세나 프로그램을 제공하고 활성화시킬 경우 조직원들에게는 다양한 측면에서 효과가 나타나게 된다. 메세나가 조직원들에게 긍정적 영향을 미치면 이

는 곧 업무와 조직문화와 같은 조직적 측면에 궁극적인 영향으로 이어지게 된다(Bhattacharya *et al.*, 2009). 이러한 연구들도 메세나에 대한 조직원 참여형 프로그램 기회 확대 및 조직원 성과 강화를 위한 전략적 접근에서의 메세나 경영 활동에 대한 중요성과 논의의 필요성을 강조하고 있다. Kotler(1986)는 고객에게 훌륭하게 봉사할 수 있는 능력있는 조직원을 훈련시켜 동기부여를 수행하는 과업, 즉 업체의 조직원을 겨냥한 내부마케팅 활동을 통해 강력한 서비스 문화를 구축하여 조직원의 대고객 상황처리 능력을 증진시킬 수 있다고 주장했다.

2. 국내 메세나 연구동향

(1) 국내 메세나 및 문화마케팅 연구 추이 및 동향 분석

1) 학문별 학술지 메세나 연구 발표 동향

메세나 관련 연구는 별도의 전문 학술지가 존재하지 않고, 메세나에 대한 개념 또한 포괄적으로 다양한 분야에서 다뤄지고 있다. 이에 따라 본 연구에서는 국내 대표 논문 데이터베이스인 한국학술지인용색인(https://www.kci.go.kr)과 한국교육학술정보원(http://www.riss.kr), 한국학술정보(http://kiss.kstudy.com)를 활용하여 등재, 등재후보지를 대상으로 2005년부터 2015년까지 발표된 메세나와 문화마케팅에 관련된 논문을 추출했다. 주요 키워드는 메세나, 예술 후원, 예술지원, 문화마케팅, 아트마케팅 등 5가지이며, 메세나와 관련한 국내 연구 동향을 파악하고자 했기 때문에 국내 학술지에 초점을 두었다. 관련 국내 연구논문을 학술지 별 발행기관과 성격을 기준으로 논문이 검색된 전체 학문 분야의 문헌을 정리하였으며, 경영학 분야에 대해서는 시기별 주요 개념과 활용 변수 등 보다 세부적인 분석 작업을 실시했다.

또한 예술단체나 예술기관 운영이 주제인 예술경영, 우리나라의 예술발전 정책을 위한 논의가 주를 이루는 정책논총, 그리고 지방축제 활성화와 예술교육 등에 관련된 논문들은 대상에서 제외하였는데 이는 기업의 경영전략 관점에서 제시된 메세나 연구와 논문들에만 초점을 맞추었기 때문이다. 또한 메세나라는 단어 자체가 프랑스어라 그 연구의 범위와 주제 등을 연구하기엔 언어적 한계가 있을 뿐 아니라, 본 연구의 목적이 국내 기업의 메세나 활동에 대한 연구동향을 밝히고자 하였기 때문에 국내 문헌연구에만 주력했다. 전체 메세나 및 문화마케팅을 적용한 국내 연구 논문을 학술지 발행기관과 학술지 성격을 기준으로 구분했다. 메세나는 문화예술을 주제로 한 광범위한 상위 개념이지만 국내에서는 예술가 후원, 공연 · 전시 · 행사 후원, 문화 기부활동 및 마케팅의 일부분으로 '문화예술'이라는 단어만 갖다 붙이기만 하면 되는 단어로 무분별하게 사용되곤 한다. 기존 연구들 또한 메세나에 대하여 명확하게 개념을 정리하지 못하고 있었다. 메세나와 문화마케팅을 혼용하여 사용하거나 '문화예술 지원' 또는 '문화예술 스폰서십'으로 불리고 있었으며, 사회공헌이라는 테두리 안에서 소분류로 구분되거나 사회공헌과 같은 의미로 사용되기도 하는 등 여러 가지 명칭과 의미로 사용하고 있음을 확인할 수 있었다.

본 연구에서는 메세나의 기본 의미에 충실하기 위해 문헌들 중 주제어나 본문에 메세나, 문화마케팅이라는 단어가 포함되어 있더라도 개념이나 주제와 관련이 없는 문헌은 제외했다. 문헌검색은 사회과학뿐만 아니라 예술, 체육, 인문, 자연과학 등 학계 전체 논문을 대상으로 하였으며, 메세나 관련 석 · 박사 학위논문, 학회 발표, 기고문, 일반학술지는 포함시키지 않았다. 또한 키워드로 검색한 전체 문헌들 중 의미 없이 단어만 삽입한 문헌도 제외했다. 그 결과 등재 학술지 160편과 등재후보 학술지 53편 등 전체 213편이 검색되었다. 이중 경영학 분야의 연구 동향을 상세히 분석하기 위해 2차적으로 KCI의 2015년 12월 기준 등재 학술지, 등재후보 학술지 목록 기준으로 중분류가 경영학인 학술지들을 분류하여 연구방법, 연구도구, 연구주제, 실증 변수, 주요 개념과 이론 등을 분류하여 분석했다.

한국교육학술정보원(RISS) 기록에 따르면, 메세나 연구는 1991년 서울대 문화예술연구소인 '예술문화연구'에서 임영방이 '기업과 예술: 메세나 운동을 중심으로'를 게재한 것이 최초의 연구로 기록되어 있다. 이후 문화정책논총, 한국논단 등에 연 1회 정도 문화정책과 관련하여 연구되다가 2005년 문달주 · 임언석이 '광고학 연구'를 통해 '기업 브랜드의 메세나 활동에 대한 소비자 태도 연구: 동일시 이론의 적용'을 통해 기업 측면에서의 효과 측정에 관한 본격적인 메세나 연구가 시작되었다. 이후 호텔, 항공, 서비스업 등 산업별 메세나 효과 비교연구와 메세나 사례, 유형 등이 등장하면서 점차 연구가 활발해지기 시작했다. 이에 비해 문화마케팅은 1985년 경상논집 '국제 마케팅의 연구방안 및 방법론' 이후 기업들의 경영 차별화 전략으로서 본격적으로 연구되었다. 문헌들을 살펴본 결과 2005년 이후 10년간 메세나와 문화마케팅에 관련하여 총 213편의 논문이 발표된 것으로 나타났다. 이중 160편은 등재지에, 53편은 등재 후보지에 게재되었다. 이는 2015년 12월 기준 KCI 색인 총 2,287개의 등재 및 등재후보 학술지 중 9.3%에 달한다. 총 213편의 연구는 사회과학 분야의 등재 및 등재 후보 학술지에 61.9% 집중 게재되어 있음을 알 수 있었다. 다음으로 예술 체육 17.4%, 복합학 9.9%, 인문학 5.2%, 자연과학 3.3%, 공학 2.3%순으로 나타났으며, 이는 KCI 기준의 학문 대분류 기준으로 볼 때 의학과 농수산해양을 제외한 전체 학문에서 1편 이상을 다룬 것으로(〈표 3〉 참조) 학문 전반에 걸쳐 폭넓은 연구가 이루어지고 있는 것으로 나타났다. 그러나 메세나와 문화마케팅에 관한 성공사례 연구는 2~3개 기업의 사례에 한정되어 있어 메세나 사례 개발 연구도 시급함을 알 수 있다.

┃표 3┃ 학술지 분류별 메세나 관련 문헌 수 동향(2005년-2015년12월)

대분류	중분류	문헌수
사회과학	경영학(54), 관광학(38), 신문방송학(12), 무역학(6), 경제학(5), 사회과학일반(3), 행정학(3), 정책학(3), 호텔외식산업경영(2), 사회학(1), 기타사회학(1), 법학(1), 지역개발(1), 지역학(1), 회계학(1)	132
예술체육	디자인(21), 예술일반(5), 무용(4), 미술(3), 음악학(2), 미용(1), 의상(1)	37
복합학	학제간 연구(19), 감성과학(2)	21
인문학	기타 인문학(7), 역사학(2), 프랑스어와 문학(2)	11
자연과학	생활과학(7)	7
공학	공학일반(2), 전자정보통신공학(2), 건축공학(1)	5
합 계		213

2) 시기별 메세나와 문화마케팅 연구 발표 동향

2005년부터 2007년까지는 매년 4~6편의 논문만이 발표되어 기업 경영전략 차원에서의 메세나 및 문화마케팅 연구가 그리 활발한 편은 아니었다. 2005년부터 2015년까지 10년간 발표된 논문 중 96.7%가 2008년 이후 발표된 것으로 나타나 이때부터 본격적인 연구가 진행되었음을 알 수 있다. 그즈음은 한국메세나협회에서 기업의 예술지원 사업 효과성 측정에 대한 외주 연구용역 사업을 본격화한 때이기도 하다. 또한, 2008년부터 2013년까지 연 24~30편씩 매년 문헌 수가 증가하면서 활기를 띄다가 2014년 이후 문헌 수가 23편으로 줄어 2009년보다 연구 편수가 적은 것으로 나타났다〈그림 1〉. 메세나와 문화마케팅에 관한 연구가 기업 경영실적 등 경기에 민감하게 반응한다는 반증으로 해석된다. 한편 2011~2015년까지 최근 5년간 게재된 문헌은 총 135편이다〈표 4〉. 이중 경영학 분야의 논문이 67%(91편)이지만, 매년 연구 편수가 감소하고 있다는 점에서 보다 활발한 학술적 접근이 필요하다. 최근 기업의 문화마케팅 전략은 제품이나 광고에 예술작품 사용, 예술가와의 콜래보레이션 등에 발전하여 점차 보다 복합적, 전략적 경영 도구로서 활성화되고 있다. IT, 인문, 예술, 교육, 스포츠, 복지 등 다양한 분야와의 접목이 시도되고 있다. 그럼에도 이 같은 융복합 메세나 활동에 대한 경영학적 접근과 학문적 연구는 여전히 요원하다고 할 수 있다.

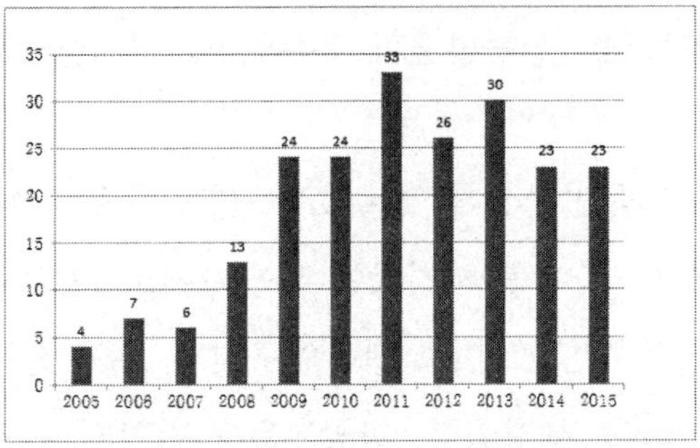

❙그림 1❙ 연도별 문헌 수 동향(2005년-2015년12월)

❙표 4❙ 연도별, 학문별 문헌 수 동향(2005년-2015년12월)

구분	'05	'06	'07	'08	'09	'10	'11	'12	'13	'14	'15	합계
사회과학	3	4	2	5	11	16	23	19	20	13	16	132
예술체육		1	3	4	6	7	4	3	4	2	3	37
복합학				1	3	1	4	2	5	4	1	21
인문학	1	1	1	1	2		1			2	2	11
자연과학				1	2		1	1		1	1	7
공학		1		1				1	1	1		5
합계	4	7	6	13	24	24	33	26	30	23	23	213

3) 주요 학회지별 연구 발표 동향

2005년부터 10년간 발표된 메세나와 문화마케팅 논문 총 213편 중 경영학 학술지에 25.3%(54편)가 게재되었다〈표 5〉. 경영학 학술지 가운데 문화산업연구에 7.5%(16편)로 가장 많이 게재되었으며 상품학연구에 2.3%(5편), 마케팅논집과 소비자학연구에 각각 4편씩이 게재되어 1.8%로 나타났다. 그런데 2005년과 2007년에는 메세나와 문화마케팅 연구가 경영학 관련 학술지에 게재되지 않았는데 2005년도에는 신문방송학에 2편, 행정학과 프랑스어와 문학에만 각 1편씩 게재되었다. 2007년에는 경제학, 관광학, 디자인, 무용 등에만 각 1편씩 메세나 논문이 실린 것을 알 수 있었다. 장르별, 학회지 별로 살펴보면, 경영학 학술지 중 문화산업연구에 가장 많이 실렸으며, 다음으로는 학제간 연구로 분류되는 예술경영연구에 3.2%(7편), 신문방송학 부류인 광고학연구에 3.2%(7편)가 게재되었다.

이밖에 문화마케팅과 연관성이 있는 호텔, 항공사 등 서비스 관련 기업을 대상으로 연구한 논문들이 다수를 차지하는 관광학에도 17.8%(38편) 노출되었는데 호텔경영학연구 3.2%(7편), 그리고 관광연구저널, 관광연구, 관광레저연구에 각 6편씩 게재되어 2.8%를 차지했다. 항공, 운송 기업의 메세나 연구를 비롯하여 호텔 등 서비스 회사의 메세나를 통한 기업 이미지 효과 연구가 주를 이루었다. 당시 건설사 중 가장 앞선 메세나 활동을 했던 우림건설의 메세나를 활용한 해외시장 개척 사례와 다양한 사례를 다룬 건축공학 분야 논문이나 메세나법과 법인세를 다룬 법학분야의 논문 등 각 학문별로 메세나를 연구한 것도 흥미롭다. 각 산업별, 유형별 다양한 메세나 성공 전략과 사례가 개발되고 연구되어 예술과 예술후원의 '가치'의 중요성을 발견하고 활용하는 우수 사례들이 등장해야 할 시점이다.

| 표 5 | 연도별, 학회지별 문헌 수 동향(2005년-2015년12월)

구분	'05	'06	'07	'08	'09	'10	'11	'12	'13	'14	'15	합계
경영학		1		2	5	3	7	10	12	5	9	54
관광학			1		3	9	9	3	2	6	5	38
디자인		1	2	2	5	4	2	1	2	1	1	21
학제간연구				1	3	1	4	2	5	2	1	19
신문방송학	2	1		1	2	1	2	2	1			12
생활과학				1	2		1	1		1	1	7
기타인문학			1		2					2	2	7
무역학						1	1	1	1	1	1	6

구분	'05	'06	'07	'08	'09	'10	'11	'12	'13	'14	'15	합계
경제학			1				2	2				5
예술일반				2	1			1	1			5
무용			1					1	1		1	4
미술						1	2					3
사회과학일반		1					1		1			3
정책학						1			1	1		3
행정학	1				1						1	3
공학일반				1						1		2
감성과학										2		2
역사학		1					1					2
음악학										1	1	2
프랑스어와문학	1			1								2
호텔/외식산업경영				1			1					2
전자/정보통신공학								1	1			2
기타사회과학						1						1
미용						1						1
법학								1				1
사회학									1			1
건축공학		1										1
의상						1						1
지역개발				1								1
지역학		1										1
회계학									1			1
합계	4	7	6	13	24	24	33	26	30	23	23	213

(2) 경영학 관점에서의 연구 동향 분석

1) 경영학 학술지별 동향

메세나와 문화마케팅 관련 경영학 관련 학술지에 발표된 논문은 2006년부터 게재되기 시작했다. 이 중 등재지가 59.2%, 등재후보지가 40.8%였다. 문화산업연구 29.6%, 상품학연구 9.3%, 마케팅논집과 소비자학연구에 7.4%, 경영교육연구 5.6% 순으로 게재되어 특정 학술지 중심의 편중 현상이 심한 것을 알 수 있다〈표 6〉. 경영학연구와 경영정보연구, 아시아 마케팅 저널, 항공항공경영학회지에 각 3.7%가 실렸으며, 나머지 13%는 전문경영인연구, 경영연구, 대한경영학회지, 마케팅관리연구 등에 게재된 것을 알 수 있으나 햇수를 거듭해가면서 이 비주력 학술지에서의 문헌들조차 줄거나 아예 연구가 되지 않고 있음을 볼 수 있다. 2007년에는 경영학 학술지 게재 기록이 없으며, 2013년 이후에는 주요 게재지 3~4개를 제외한 타 학회지에서는 관련 논문이 발표되지 않고 있는 실정이다.

표 6 연도별, 학술지별 메세나 경영학 연구 동향

구분	'06	'08	'09	'10	'11	'12	'13	'14	'15	합계
문화산업연구				1	3	1	9	1	1	16
상품학연구					1	2		1	1	5
마케팅논집								1	3	4
소비자학연구		1		1				1	1	4
경영교육연구							2		1	3
Asia Marketing Journal					1	1				2
경영정보연구			1			1				2
경영학연구				1	1					2
한국항공경영학회지			1			1				2
보험금융연구			1							1

구분	'06	'08	'09	'10	'11	'12	'13	'14	'15	합계
전문경영인연구									1	1
고객만족경영연구								1	1	
한국조리학회지						1				1
경영사학						1				1
경영연구	1									1
고객만족경영연구			1							1
마케팅관리연구		1								1
아시아마케팅저널			1							1
Korea Business Review							1			1
기업경영연구					1					1
마케팅연구						1				1
대한경영학회지								1		1
마케팅관리연구						1				1
합 계	1	2	5	3	7	10	12	5	9	54

2) 적용 개념 연구 동향

문화마케팅에 대한 초기 연구는 2000년대 초반, 당시 국가의 문화콘텐츠 개발 붐에 맞춰 콘텐츠로서의 문화마케팅에 대한 연구로 시작되었다. 2008년에는 문화마케팅이 소비자의 구매의도에 미치는 영향에 대한 연구가 있었으며, 이후 2009년부터 메세나를 사회적 책임 측면에서의 기업에 영향을 미치는 요인을 파악하기 위한 연구가 많았다. 2010년부터는 예술품을 활용한 아트마케팅 연구가 시작되었다. 그러다가 2012년 내부 마케팅의 일환으로 문화마케팅이 조직 활성화와 창의성에 영향을 미친다는 내부 관점 연구가 경영학 분야에 등장하게 된다. 2013년에 교통, 와인, 항공 등 산업별 메세나 활용에 대한 연구가 진행되었으며, 이후 CSV(Creating Shared Value)적 관점에서의 재무성과에 미치는 영향도 연구되었다.

｜표 7｜ 경영학에서의 시기별 연구 주요 개념 동향

연도	논문에 적용된 주요 개념
'06	문화콘텐츠, 마케팅
'08	전통적 마케팅, 서비스 품질, 고객 충성도, 재구매 의도, 구전의도, 구매동기, 동일시, 구매의도
'09	기업의 사회적 책임(CSR) 동기, 아이덴티티 매력도, 조직 동일시, 기업 이미지, 경영성과, 고객 충성도
'10	명화, 아트 마케팅, 원형성, 디자인 태도, 제품 태도, Place Marketing, 투자수익률
'11	가격 프리미엄, 광고효과, 품질지각, 광고효과, Self-Monitoring, Self-Brand Congruity, 문화예술 상품 소비자, 가치 인식, 지속가능한 개발, 부동산 공간 개발, 융합, 공간문화 콘텐츠, 나오시마 예술섬, Arts Marketing
'12	Internal Cultural Marketing, 사회적 책임, 브랜드 아이덴티티, 가격 프리미엄, 자아·브랜드 이미지 동일시, 기업 이미지, 브랜드, 문화마케팅 브랜딩, 구매행동, 문화예술 스폰서십, 기업의 사회적 책임, 기업의 사회적 책임 연상, 문화예술 상품, 가치인식, 추구혜택, 아트 콘텐츠, 창의성, 기분, 몰입, 활성화, 조절초점, 내부 마케팅, 경영 철학
'13	교통관련 기업 브랜드 개성, 브랜드 태도, 고객 충성도, 기업 능력, 사회적 책임, 문화예술 스폰서십, 점포 애착, 감사, 점포 애고, 문화 메세나, 구매의사 결정, 브랜드 품격, 브랜드 신뢰, 브랜드 애착, 브랜드 충성도, CSR 활동, 진정성, 지속성, 기업 메세나 활동, 금호아시아나문화재단, 샤토무통 로칠드, 콜래보레이션, 감성마케팅, 와인문화, 기업문화, 콘텐츠 산업, 융합
'14	브랜드 친숙도, 관계 품질, 신제품 평가, Art Collaboration, 문화예술 지원, 기부금, 재무 성과, 기업 가치, 공유가치 창출, 문화 복지
'15	일치성, 보완성, 기업의 사회공헌, 기업 이미지, 기업 평판, 네이밍 스펙트럼, 호혜성, 신뢰, 구매의도, 문화 판촉, 문화 연출, 문화 스타일, 가격 프리미엄, 추천의도, 스타 마케팅, 휴먼브랜드, 브랜드 확장, 스타 확장, 제품 관여도, 광고, 문화이벤트, 정보 주목성, 아트 인퓨전 효과, 아트 친숙도, 아트-제품 적합도, 지각된 가치, 구매의도, 소비자 심미적 성향

3) 연구방법론 동향

메세나와 문화마케팅 연구는 방법론 측면에서는 실증연구 72.2%, 사례연구 11.1%, 복합연구 11.1%, 문헌연구 5.6%로 실증연구가 월등히 많았다〈표 8〉. 메세나 효과성에 대한 다양한 실증연구는 활발히 시도되고 있으나 메세나 성공사례 개발 연구나 문헌 탐색 연구는 미흡한 것으로 나타났다. 또한 연도별로는 2006년 복합연구 한 편이 실렸으며, 2008년 실증연구가 시작되어 매년 여러 편의 실증연구가 게재되었다. 이후 2011년에서 2013년 증가세를 보이다가 2014년 이후 점차 연구 편수가 줄어들고 있는 것을 볼 수 있다. 10년간 발표된 논문 중 40.7%인 22편이 2012년과 2013년 이후 발표되었으며, 최근 5년간 논문의 연구방법은 실증연구가 전체의 76.7%, 사례연구와 복합 연구가 각각 9.3%, 문헌연구 4.7%를 차지하고 있다.

| 표 8 | 연도별 연구방법론 동향

구 분	'06	'08	'09	'10	'11	'12	'13	'14	'15	합계
실증연구		2	3	1	4	9	9	3	8	39
사례연구			1	1	1	1	2			6
복합연구	1			1	1		1	2		6
문헌연구			1		1				1	3
합 계	1	2	5	3	7	10	12	5	9	54

4) 실증연구 변수 분석

10년간의 메세나 및 문화마케팅 관련 경영학 논문 중 복합연구와 사례연구를 제외한 실증연구는 총 39편이었다. 기업 메세나의 영향에 대한 종속변수는 문화마케팅의 종속변수와 혼용되어 사용되고 있었으며, 메세나에 대한 뚜렷한 이론이 없어 문화마케팅의 효과로 대체, 분류되고 있었다. 대표적인 종속변수는 크게 고객 태도 56.4%, 브랜드 태도 28.2%, 기업 이미지와 관련한 종속변수 7.7%, 그리고 조직원 및 조직성과에 미치는 성과 는 각각 7.7% 순으로 나타났다. 기업 메세나와 문화마케팅이 고객의 구매의도, 가격 프리미엄, 제품 선호도, 소비자 반응 등의 성과에 유의미한 영향을 미친다는 연구 결과가 많았다. 또한 기업 이미지나 브랜드 개성 등은 매개변수로 사용되어 이 매개변수들이 궁극적으로 고객태도에 어떠한 영향을 주었는지를 연구한 자료가 많았다. 이밖에 브랜드 충성도와 브랜드 개성 등 브랜드에 좋은 영향을 미친다는 연구도 다수를 차지했다. 그러나 실질적으로 조직성과를 종속변수로 다룬 연구는 미비한 것을 알 수 있었다. 기업 조직원들을 대상으로 조직의 성과를 직접 설문, 측정한 연구는 조직동일시와 창의성, 문화예술 관여도 등에 한정되어 있었다.

결과적으로 그동안 메세나에 대한 실증연구의 92.3%가 브랜드 및 기업의 이미지를 활용하여 고객 태도를 변화시킨다는 것으로 종속변수를 설정하고 연구가 이루어지고 있었음을 알 수 있다〈표 9〉. 2012년 이후 경영학 연구에서는 조직성과 연구는 한 편도 찾아볼 수 없었다.

❙표 9❙ 실증연구에서 사용된 종속 변수 연도별 추이

구 분	'08	'09	'10	'11	'12	'13	'14	'15	합 계
고객태도	2	1		3	4	5	1	6	22
브랜드 태도		1	1	1	1	4	2	1	11
기업이미지					2			1	3
조직성과		1			2				3
합계	2	3	1	4	9	9	3	7	39

메세나와 문화마케팅을 주제로 다룬 실증연구에서 사용된 변수들로는 전형적 마케팅과 문화마케팅의 차이를 통한 구매의도에 대한 실증연구를 시작으로 본격적인 실증연구가 시작되었다. 메세나의 모델이나 개념이 분명치 않기 때문에 주로 유형별, 산업별, 동기별 등의 관점을 독립변수로 하여 연구한 논문이 다수였는데 특히 2009년 이후부터는 문화마케팅의 유형인 문화 판촉, 문화지원, 문화연출, 문화기업이라는 변수들을 가지고 연구한 문헌이 많았다. 이밖에 메세나의

목적인 기업 사회공헌 기여, 홍보전략, 문화예술 발전에 기여, 기업 조직문화 고양 등을 독립변수로 사용한 연구도 있었다. 종속변수는 구매의도, 경영성과, 상표 및 브랜드 충성도, 가격 프리미엄 등 소비자의 인식과 태도 변화에 초점을 맞춘 연구가 주를 이뤘다〈표 10〉. 이밖에 메세나와 문화마케팅이 조직원 창의력과 조직 동일시에도 영향을 미치고 있다는 연구도 찾아볼 수 있었다.

❙ 표 10 ❙ 실증연구에서 사용된 변수

구분	독립변수	매개변수	종속변수
김미혜 · 전중옥(2008)	미술품 구매 동기	물질주의, 동일시	구매의도
이문규 · 문연경(2008)	전통적 마케팅, 문화마케팅	소매점 서비스 품질 평가	재구매 의도, 구전의도
고언정 · 한주희(2009)	메세나 동기(가치지향 동기, 이해 관계자 동기, 이익지향 동기, 전략지향 동기)	조직 매력도	조직동일시
이일식(2009)	문화마케팅(문화 판촉, 문화 지원, 문화 기업)	기업이미지	경영성과 (고객만족, 재구매, 다른 고객 소개)
유호종 · 이민순(2009)	기업 메세나 활동 (기업 사회공헌, 홍보전략, 문화예술 발전 기여, 기업 조직문화 고양 인식)	기업이미지	상표 충성도 (메세나 활동 고려, 특정 상품 구매 의도, 타인추천)
주우진 등 (2010)	명화 차용 형태	디자인태도	제품태도 (조절변수: 제품유형)
김주호(2011)	기업 메세나 인지도	소비자의 기대, 품질 지각, 정보 제공형 광고태도, 이미지 제공형 광고태도	가격 프리미엄
윤성준 · 한희은(2011)	메세나에 대한 소비자의 태도	기업 이미지, 소비자의 자아-브랜드 이미지 동일시	광고태도 (조절변수: 자기 감시성)

구분	독립변수	매개변수	종속변수
전누리 등 (2011)	문화 판촉, 문화 지원, 문화 연출, 문화 기업,		사용의도
이영선 · 신은주(2011)	가치인식	추구혜택	상품속성
임승희(2012)	내부 문화마케팅 활동	문화예술 관여도, 심리적 혜택 지각, 경험적 혜택지각	직원의 문화예술 관여도 (관람행동)
소지연 · 윤나라(2012)	예술적 환경(긍정적, 부정적 아트컨텐츠)	기분, 몰입, 활성화	창의성 (조절변수: 조절초점)
김용철(2012)	문화예술 스폰서십의 인식		CSR 연상
진양호 · 한인경(2012)	외식기업의 문화마케팅(문화마케팅, 문화 판촉, 문화 지원, 문화 연출, 문화 기업)	기업 이미지	구매의도
임성혁(2012)	문화마케팅	기업 이미지, 브랜드 동일시	구매의도(조절변수: 자기감시도)
간형식 등 (2012)	문화마케팅 브랜딩		기업 이미지
신은주 · 이영선 (2012)	가치인식	추구혜택(실제적 유익추구, 예술적 특성추구, 정서적 유익추구, 과시적 특성 추구)	상품속성 (환경, 가격, 평가, 사람, 작품, 구성)
김주호(2012)	메세나 인지도	기업에 대한 소비자 기대 수준, 제품의 품질 자각, 자아, 브랜드 이미지 동일시	소비자 행동, 가격 프리미엄, 소비자의 기대 수준
류미애 · 박옥련(2012)	소비자의 문화마케팅 관심도	기업이미지(기업행동 이미지, 사회기여 행동 이미지, 기업신뢰 이미지,	의복구매 형태 (구매 전,후) 만족도

구분	독립변수	매개변수	종속변수
		마케팅 이미지)	
주어언 · 두평외(2013)	문화마케팅(문화 판촉 · 지원 · 연출 · 기업)	기업연상, CSR	고객 충성도
권장헌(2013)	아트인퓨전 유무	인지적 유연성	구매의도
김소현 · 황용철(2013)	문화마케팅		브랜드 구매의사, 평가
나준희(2013)	교통관련 기업의 문화마케팅	브랜드 개성, 브랜드 신뢰, 브랜드 애착	브랜드 충성도
방장규(2013)	항공사 문화마케팅	브랜드 품격, 브랜드 신뢰, 브랜드 애착	브랜드 충성도
나준희(2013)	교통관련 기업의 문화마케팅		브랜드 개성(활기참, 세련됨, 강인함)
손주영 · 김주호(2013)	기업의 문화 메세나 활동에 대한 소비자의 기대		소비자 의사결정 (조절변수: 남녀차이)
신종국 · 박민숙(2013)	스폰서십의 정서적, 경제적, 정서적, 사회공헌적 가치	점포애착, 감사	점포에 대한 애착
송정석 · 최민희(2013)	문화 판촉, 문화 지원, 문화 기업, 문화 연출	기업이미지, 브랜드 태도, 충성도	추천의도
주선희 · 구동모(2014)	독창성, 심미성, 상징성, 희소성	감정적 가치, 경제적 가치, 사회적 가치, 지적 가치	구매의도
송균석 등 (2014)	문화 판촉, 문화 지원, 문화 연출, 문화 기업	브랜드 친숙도	신제품 평가 (조절변수: 신뢰,몰입)
전인수 · 엄지윤(2014)	아트인퓨전	패키지 평가	제품선호
정지은 · 이석규(2015)	메세나 기업 및 예술단체	메세나, 기업 및 예술단체	일치성, 보완성
이종은(2015)	문화 이벤트 후원 고지 광고	후원 기업과 후원 대상 간의 속성 연계성	광고효과

구분	독립변수	매개변수	종속변수
방광수 등 (2015)	기업의 문화마케팅	호혜성 지각, 신뢰	기업이미지, 구매의도
권혁인 등 (2015)	메세나 활동	상업적, 자선적 , 공익적 성격, 이벤트 호감도	구매 의도(조절변수: 기업이미지와 평판)
양뤄 등 (2015)	개인의 문화적 역량		구매의향(조절변수: 국민 이미지)
정재엽 · 김현철(2015)	스타의 장르 확장 유형		소비자 반응
김지애 · 김형준(2015)	아트 친숙성, 적합성		소비자 반응 (조절변수: 심미적 성향)
장형유 · 강투 메리헝그러줄 (2015)	문화 판촉, 문화 연출, 문화 스타일		가격 프리미엄 (조절변수: 추천의도)

(3) 조직관리 및 조직문화 강화 관점에서의 연구동향 분석

1) 조직관리 이론에 따른 분석

조직은 빠르게 변화하는 환경에 능동적이고 적절하게 반응하면서 지속적이고 안정적인 조직 생존과 존립을 위해 많은 노력을 기울이게 된다. 결국 시대 환경에 적합한 조직 역량과 조직 관리를 추구하게 되는데 이와 같은 측면에서 Nadler & Tushman(1997)에 의해 제시된 조직 요소 간의 조화를 목적으로 하는 적합성 모델(Congruence Model)은 조직역량 강화를 위한 측면에서 고려된 시스템 경영 이론이다. 적합성 모델은 4가지 요소로 구성되는데, 내부적 부가가치, 직무의 표준화 수준과 같은 직무의 속성이나 프로세스를 의미하는 직무 측면(Work), 구성원의 인적 속성이나 인적 제도와 같은 요소를 살펴보는 인적 측면(People), 의사소통 채널과 의사결정방식, 규범 및 가치관, 이해관계자와 같은 무형 요소 측면(Informal Organization), 마지막으로 조직구조, 의사결정 체계, 관리 프로세스, 성과 평가와 같은 조직 운영 메커니즘을 의미하는 형식적 구조 측면(Formal Organization)에서 조직 행동을 살펴볼 수 있다. 이에 본 연구에서는 국내 메세나 또는 문화마케팅 관련 연구들이 적합성 모델의 4가지 조직행동 측면 중 어떤 측면에서 많이 접근되고 의미 있게 다뤄지고 있는지 분석해 보았다.

경영학 분야에서 다뤄진 메세나와 문화마케팅 관련 논문들 중 조직관리 차원으로 다뤄진 논문은 총 3편에 달하여 연구 건수가 매우 빈약했다. 이중 두 편은 창의력과 문화예술 경험과 관여도를 다룬 인적 측면이었으며, 나머지 한 편은 메세나가 조직 동일시 인식에 영향을 미쳤다는 무형 요소 측면이었다. 분석 범위를 조금 확대해 지난 10년간의 메세나 및 문화마케팅 문헌 총 213편을 분석했는데 이중 조직 및 조직원을 주제로 접근한 연구는 14편에 불과했다. 이 가운데 조직 몰입도나 조직신뢰 등 조직행동의 무형 요소 측면을 다룬 연구가 42.9%로 가장 많았고, 직무성과 등 직무측면은 21.4%, 인적요소 측면 논문은 28.6%로 분석되었다〈표 11〉. 그리고 제도화된 액션러닝 교육프로그램 등을 다룬 형식적 구조 측면에서 조직행동을 다룬 연구는 7.1%로 나타났다.

▎표 11 ▎ 적합성 모델 구성요소에 따른 기존 연구현황

구성요소	기존 연구	비율(%)
무형요소 측면	박종철 · 권봉현(2014), 김소영 · 임승희(2012), 신승수 · 이정교(2013), 이정민 · 허정석(2011), 박민생(2009), 고언정 · (2009)	42.9%
직무 측면	박수진 등(2014), 안종숙 · 이정만(2012), 유창조(2009)	21.4%
인적요소 측면	임승희(2012), 소지연 · 윤나라(2012), 이정만(2012), 어윤선 · 이형룡(2011)	28.6%
형식적 구조 측면	전수환 · 신소영(2013)	7.1%
	합 계	100%

2) 조직문화 이론에 따른 분석

적극적이고 학습화된 조직문화를 통해 기업 조직은 외부 환경의 빠른 변화를 능동적으로 적응하고 대응할 수 있게 되며, 확보된 지적 자본을 통해 기업의 경쟁력을 갖출 수 있다. 때문에 지식이 자본으로서 역할을 하게 되는 지식사회, 융합시대에 있어서 학습 조직문화를 구축하는 것은 기업의 지속가능 경영을 위해 매우 중요하다. Kanold(2002)는 조직의 학습문화를 강화하기 위한 요소로 지속적인 개선의지, 조직의 비전 공유, 부서 간 협력, 개인적 성과 발전 추구 등 4가지를 제시하고 있다. 이를 바탕으로 문헌들을 분석한 결과 메세나를 다룬 경영학 분야 논문 가운데 조직문화와 관련한 논문은 3편에 불과했는데, 조직의 비전 공유를 다룬 논문이 두 편, 나머지 한 편은 개인적 성과 발전을 다룬 것이었다. 10년간의 전체 메세나와 문화마케팅 관련 논문 중에도 조직문화를 형성하기 위한 연구는 14편이었으며〈표 12〉, 이중에는 조직의 비전 공유가 가장 많이 포함되어 있음을 알 수 있다.

메세나 및 문화마케팅과 조직문화를 연결하는 목적은 다양한 예술체험을 통해 조직의 비전을 공유하고 창의성에 도움을 주어 개인 업무성과 발전에도 도움을 줄 수 있기 때문이다. 조직문화 구성요소에 따른 기존 연구들은 조직 비전공유가 전체의 64.3%를, 지속적 개선 의지와 개인적 성과 발전 추구는 각각 14.3%, 그리고 부서 간 협력은 7.1%로 나타났다. 최근 조직원을 위한 다양한 메세나 프로그램들이 기업들에서 실행되어 부서 간 협력과 개인의 성과 발전에도 영향을 미치고 있음에도 불구하고 이에 대한 연구는 소수에 그치고 있어 메세나 효과 연구의 다양성에 대한 한계를 드러내고 있다고 할 수 있다.

▌표 12▐ Kanold의 조직문화 구성요소에 따른 기존 연구 현황

구성요소	기존 연구	비율(%)
지속적인 개선의지	박수진 등(2014), 전수환 · 신소영(2013)	14.3%
조직의 비전공유	박종철 · 권봉현(2014), 신승수 · 이정교(2013), 안종숙 · 이정만(2012), 김소영 · 임승희(2012), 임승희(2012), 이정민 · 허정석(2011), 박민생(2009), 고언정 등(2009), 유창조(2009)	64.3%
부서간 협력	이정만(2012)	7.1%
개인적 성과 발전 추구	소지연 · 윤나라(2012), 어윤선 · 이형룡(2011)	14.3%
	합 계	100%

3. 메세나 영향 요인

(1) 메세나에 대한 조직의 관심과 개인적인 관심

일반적으로 조직원 개인의 관심 영역은 조직의 관심 분야에 따라 영향을 받는다(Gupta & Pirsch, 2006). Durand(1996)는 임원과 그 가족의 사적 관심이 문화예술의 주요 발전 동기가 될 수 있다고 강조한 바 있다. 이는 곧 기업의 문화예술적, 사회공헌적 메세나 활동에 대한 최고 경영자를 비롯한 조직의 전사적 관심을 강화할 때 메세나를 통한 기업 이미지 향상 및 내부 마케팅 효과를 극대화할 수 있음을 의미한다(김소영 · 임승희, 2012; 임상오, 2003; 류미애 · 박옥련, 2012). 김해룡 · 이형탁(2010)은 조직원 자신이 소속된 기업의 사회공헌 활동이 개인이 갖고 있는 사회적 자아의 중요성과 경험들을 촉진시킨다고 생각할 때에만 자신과 해당 의제 간의 적합성을 느낀다고 말했다. 어떤 이슈나 사업에 대한 조직의 관심도가 개인의 관심도에 영향을 미칠 수 있다는 뜻이다. 또한 최고 의사 결정권자의 예술 후원에 대한 인식 및 의지, 조직 내부 문화마케팅은 기업의 이미지 제고를 기반으로 하여 직원의 회사에 대한 자부심, 애착심, 조직에 대한 신뢰감, 그리고 충성도에 영향을 미친다(박민생, 2009). 관심도란 어떤 개념이나 사물에 대한 관심을 보이는 정도를 말한다(류미애, 박옥련, 2012).

자신이 몸담은 기업이 문화예술의 가치를 알고 후원에 앞장서고 있다고 인지하고 있다면, 조직원은 평소 개인 생활에서도 문화예술에 조금 더 많은 관심을 갖고되며, 회사의 메세나 활동에도 관심을 갖게 될 가능성이 높아진다. 결국 사회공헌이나 메세나 사업 등 사회적 선한 일을 시행하는 자신의 소속 회사에 대해 조직원들은 긍정적인 감정을 경험하게 되고 이를 통해 종업원들은 자발적으로 행동하고 즐겁게 일하여 조직에 지속적으로 머물려는 관계유지 의사가 더욱 강해진다는 것이다(Kelly & Hoffman, 1997; 김해룡 · 이형탁, 2010).

(2) 조직원의 메세나 참여도 및 참여의지

Gupta & Pirsch(2006)가 조직의 관심 분야에 따라 조직원 개인의 관심 영역이 영향을 받는다고 주장한 바에 비추어 볼 때, 문화예술 또는 메세나에 대한 조직과 개인의 관심이 많으면 메세나 프로그램에 상대적으로 호감을 갖고 적극적으로 참여하는 것은 물론, 업무적 연관성이 없더라도 조직의 일원으로서 기업 내 메세나 활동에 대해 관심을 갖게 된다. 결국 문화예술에 대한 개인적 관심은 조직 내 메세나 활동을 비롯한 문화 자원봉사 활동에 적극적으로 참여하게 되며, 문화예술에 대한 감성적 만족 또는 개인의 소양 계발이 결과적으로 조직 만족 및 조직몰입, 소속감과 업무 몰입도에 긍정적 영향을 미친다(Maignan & Ferrell, 1999; Gilder *et al.*, 2005; Raman & Zboja, 2006).

이문숙 · Langsner(2010)도 직장 내 비공식 조직에 참여하는 것이 구성원들의 소속감을 높여주고 직무 스트레스를 감소시킨다는 연구결과를 소개한 바 있으며, 김소영 · 임승희(2012)는 문화예술 관람 경험이 많은 직원은 경험이 적은 직원에 비해 문화예술 활동에 대한 관심과 친숙성이 높게 나타났으며, 조직 만족 및 조직몰입에 긍정적인 영향을 미친다고 설명했다. 이처럼 문화예술을 기반으로 하는 메세나 활동이 조직원들의 정서적인 측면과 밀접한 관련이 있다는 점에서 문화예술이나 메세나에 대한 개인적 관심에 따른 참여의지와 참여도 사이의 관계는 다른 순기능적 변인들에 비하여 더 중요하게 다루어질 필요가 있다. 조직원은 기업의 또 다른 주인이라 할 수 있으며, 조직원에 대한 문화예술 체험은 고객에 대한 예술 체험만큼이나 중요하다. 조직원이 회사 내 CSR 활동에 직접 참여하면 CSR에 대한 긍정적인 지각이 강화되고 조직에 대한 신뢰가 높아진다(이유리, 2012). 특히 Raman & Zboja(2006)는 조직 내에서 이루어지는 직원의 기부나 자원봉사 활동의 개인적 특성을 강조하고 있는데, 기업의 사회적 책임수행 또는 사회공헌 활동에 대해 긍정적인 태도를 지니고 있는 직원은 자원봉사에 더 적극적으로 참여한다고 주장했다.

(3) 조직신뢰, 조직애착, 조직 충성도

조직신뢰는 조직과 구성원 간의 객관적인 고용관계 간의 신뢰로써 조직이 적어도 나에게 해롭지 않은 행동을 수행하거나 유익할 것이라는 지각을 의미한다(Tan & Tan, 2000). 현대사회에서 조직신뢰는 이미 조직의 문화의 중요 축으로 간주되고 있으며 그 구성요인으로는 상호관계의 수준 및 질, 역할과 책임의 명백성, 대화의 빈도, 시기적절성 및 정직성, 직무수행의 능력, 공유목표의 명백성, 조직의 방향과 비전, 약속 및 몰입 등을 들 수 있다(Cufaude, 1999). 이밖에 조직신뢰는 조직과 조직원 간의 높은 신뢰관계의 구축을 의미하는 지원과 협동의 의미와 함께 불확실한 변화와 복잡한 상황에 대한 기업의 적응력 증진을 뜻하기도 하며, 감시나 통제에 드는 거래 비용을 감소시켜 주기도 한다(최훈태, 2008; 서인석 등, 2011; 이수정 · 윤정구, 2012; 국순모, 2014; 김광우, 2011). 조직신뢰는 조직의 내적 관계와 외적 관계 측면에서 다뤄지며(Offerman, 1998; 조은아 등, 2010), 조직 내에서 맺게 되는 상사, 동료, 부하 간의 수평적이거나 수직적인 모든 인간관계들은 조직원의 태도와 행동 형성에 매우 중요한 역할을 한다(조주은, 2005; 이미옥, 2006). 조직신뢰는 조직의 진실성, 신뢰성, 공정성, 정직성, 존중성 등의 수준을 결정하는 가장 중요한 요소이다(Offerman, 1998; McAllister, 1995; 조주은, 2005; 최훈태, 2008). 조직신뢰에 대한 개념은 높은 신뢰관계 구축이 좋은 조직을 의미하는 것이며 신뢰가 협동과 지원, 이타적 행동 등 자발적 사회성을 촉구하고 감시와 통제를 포함하는 거래 비용을 낮추고 불확실성과 변화 및 복잡한 상황에 대한 기업의 적응력을 증진시키는 것으로 알려졌으며, 조직신뢰가 높을수록 조직몰입과 고객지향성에 긍정적인 영향을 미치는 것으로 확인이 되었다(Porter, Lawler & Hackman, 1975; Marshall, 1999; 김석영 등, 2012).

조직애착은 한 조직의 조직원이 그 조직에 대해 얼마나 헌신하려는 의사와 애사심을 가지고 있는가를 보여주는 지표로서 활용된다. Mowday *et al.*(1982)은 조직 애착심을 조직 구성원의 조직 목표에 대한 강한 신뢰와 애착, 그리고 조직을 위해 최대한의 노력을 바치겠다는 헌신과 충성의사, 조직 구성원으로 계속 유지하려는 강한 욕구라고 정의했다. 안정된 애착관계를 형성한 개인은 문제 해결 상황에서도 더 긍정적이고 활발하며, 직장에서의 직무성과도 높고 원만한 대인관계를 형성할 수 있다. 또한 이러한 조직 애착은 조직을 구성하고 있는 직원이 조직에 대해 어떠한 애착 성향을 가지고 있는가에 따라 조직 구성원들 간의 협력, 결속, 신뢰 형성이 달라지며(김상희, 2007), 일에 있어서도 성과, 결근율, 유효성 등에도 영향을 미친다(허갑수, 2003). 조영호 · 오철환(1985)은 체험과 지식을 공유할 수 있을 정도로 심리적으로 가깝다고 생각하는 것이 조직 애착이라고 정의하고 있는데, 이는 조직에 대한 일체감, 소속감, 충성심을 내포하고 있다. 인지적 차원에서의 조직 동일시는 자신의 이미지와 조직의 이미지 사이에 일치하는 정도이며, 정서적 차원은 사랑(Love)과 즐거움(Joy)을 말하는 것이고 평가적 차원은 스스로에 대한 자부심 등으로 설명될 수 있다(Bergami & Bagozzi, 2000). 또한 정서적으로 직무에 즐거움을 느끼고 애착을 가짐으로써 조직에 적극적으로 참여시킬 수 있는 수단으로 작용한다는 점에서 조직애착을 통해 조직 목표와 가치를 조직원에게 인지시키고 일치시키는 과정은 매우 중요하다고 할 수 있다(양훈모 · 조진탁, 2006).

기업에서 종업원의 조직 충성도가 중요한 이유는 충성도가 높으면 조직과의 일체감이 강해져 기업 목표 달성을 위한 의지와 능력을 향상하여주는 효과가 있기 때문이다(하용규 등, 2011; 양길승, 2010). 조직 충성도는 조직 구성원이 자신이 속한 조직에 대해 진심으로 헌신하려는 노력을 의미하는데(Ladd, 1987), Ashforth & Meal(1989)은 조직 충성도를 조직원이 조직에 갖는 심리적인 애착감이자 조직의 규범과 가치에 자신의 것을 맞추어 행동하려고 하는 태도이며, 조직에 충성하여 동시에 조직의 구성원으로 계속 남기를 원하는 의식과 의지라고 정의했다. 조직원의 충성도가 높아지면 헌신하려는 조직 구성원의 열정으로 조직에 대한 긍정적인 기여도가 높아지고(Cohen & Kol, 2004), 사내 커뮤니케이션 강화와 전략적 보상, 직원 교육 및 훈련 등 내부 마케팅에도 긍정적인 영향을 미치는 등 조직 내부 결속 및 조직문화 발전에 성과를 낼 수 있다(강성주, 2008).

(4) 메세나 애착도

사람과 특정 목표물간에 감정적으로 결합된 것을 의미하는 애착은 그 정도가 개인마다 다르지만 어떤 사람들은 특정 목표물이나 사람, 관계 등에 대해 강하거나 약한 애착을 갖기도 한다(Tomson *et al.*, 2005). 애착은 사람은 물론, 사물, 장소, 브랜드, 제품에도 적용될 수 있는데(Schouten & McAlexander, 1995), 예컨대 브랜드와 상표 등에 대한 소비자의 감정적 애착은 기업이 추구해야할 최고의 목표가 될 수 있다. 일부 학자들은 자기표현, 사회적 일체감, 자기 향상, 가치 표현, 심미성 동기 등에 따라 상표 애착이 발생한다고도 주장했다(김정구 등, 2002; 서용구 등, 2014; 전수영 · 이선재, 2005). 상표 애착은 자신을 표현해주는 수단이기 때문에 애착 감정을 갖게 되며 타인과의 구별, 체면의식 등으로 상표에 대한 애착이 발생한다(박은아 등, 2004).

직장 내 비공식 조직에 참여하는 것이 조직과 조직 구성원들에게 긍정적인 영향을 미친다고 주장하는 기존 연구들은 조직원들을 비공식 조직에 참여하는 것이 구성원들의 소속감을 높여주고 직무 스트레스를 감소시키며, 조직몰입과 조직 애착도 및 조직 정체성 확립에도 긍정적인 영향을 미친다고 강조하고 있다(강민지 등, 2012; 이문숙, 2010; Kim *et al.*, 2010). 이와 연관하여 조직 내 예술 동아리나 예술체험, 체험 프로그램 등 본연의 업무 이외의 비공식 활동이기도 한 메세나에 대한 참여는 조직 애착을 비롯한 메세나 애착도와 연관성을 부여할 수 있다. 어떤 개념에 대한 애착은 자신과 친밀한 사람, 좋아하는 사람에 대해 느끼는 감정과 흡사한 부분이 있다. 소비자는 특정 브랜드를 장기적으로 소비하는 경험을 통해 정서적 안정을 갖게 되며, 이를 통해 해당 브랜드와의 유대관계를 개념화한다(Park *et al.*, 2010; Keller, 2001).

기업의 사회공헌 활동에 대한 조직원의 인지도, 공감도, 참여도가 높을수록 회사에 대한 애사심은 높아지고 조직원들이 몸담은 회사의 사회공헌의 가치를 신뢰할수록 회사에 대한 자부심, 만족도, 애사심은 높게 나타난다(Gilder& Breedijk, 2005; Maignan *et al.*, 1999; 김석 · 전상경, 2013). 더욱이 관심과 참여는 대상의 유대감을 형성해 애착의 심리적 작용을 만들어 낼 수 있다. 애착은 자식과 부모의 관계 또는 개인과 타인과의 관계 속에서 발생하는 심리적 현상(Bowlby, 1982)으로 설명되는데, 그 개념에 대한 적용 범위가 확대되면서 특정한 대상과의 정서적 결속감 혹은 유대감 형성에도 적용된다(한승수, 2005).

예를 들어 브랜드 애착은 꽤 오랜 장기간에 걸쳐 만들어진 상호 작용에 의해 형성되는 동시에 소비자의 자아 개념과 관련성을 가지고 있는데, 애착은 어떤 브랜드에 대해 신뢰감이나 정서적 유대감을 형성하여 그 브랜드와의 관계를 오래 지속하려는 경향으로 볼 수 있다(박정은, 2007). 황진숙(2008)은 상표 애착에 대해 소비자와 상표 사이의 감정적 결합을 의미한다고 말했다. 소비자가 특정 상표에 감정적 애착을 갖게 될 때 소비자는 그 상표와의 장기적 관계에 몰입하게 되며 그 상표가 타 브랜드에 비해 가격이 비싸거나 마케팅 정책에 실패한다더라도 그 브랜드에 충성하고 헌신하고 투자하는 것을 아끼지 않는다는 것이다(Garbarino & Johnson, 1999; Tomson *et al.*, 2005). 뒤의 제5장에서의 분석 가운데 메세나 애착도에 대한 정의는 그간의 선행연구에서 명확한 개념과 이론을 찾지 못하여 메세나 애착도를 브랜드 애착, 상표애착 등에서 개념을 차용하여 사용했다.

(5) 정서적 유대감

미술, 음악, 무용, 연극, 국악, 문학 등에 대한 문화예술 체험이나 예술교육이 사람의 감성을 자극하고 정서적인 안정감과 만족감 등 변화를 이끌어 낸다(고경자, 2009). Han & Yeom(2006)에 따르면 소비자는 특정 브랜드가 내적 자아를 대신해서 표출해 준다고 믿으며, 자신의 개성을 나타내 주어 타인과 차별화할 수 있는 상징적 의미를 지닌 대체재라고 믿는 경향이 있다고 설명했다. 이러한 다양한 상징적 욕구가 특정 브랜드를 통해 해소될 때야 비로소 브랜드 애착이 형성된다는 것이다. 메세나에 대한 애정과 공감(애착)을 통해 조직원은 소속 조직이나 동료와의 정서적인 유대감이 확대될 수 있음을 기대할 수 있다. 이렇듯 메세나 애착도 역시 개인의 정서적 안정이나 긍정적 심리 상태를 이끌어 내는데 영향을 미칠 수 있다는 가정이 가능하다.

(6) 조직원간의 관계

조직원 결속력과 관계에 관련한 연구들은 전환 비용을 고려한 관계 유지와 같은 특성보다 정서적인 특성과 인지적 측면의 소속감이나 긍정적 감정에 기반을 두고 설명된다(Verhoef & Bijmolt, 2007). 즉, 어떤 동기로 인해 조직에 대한 소속감이 높아지면 긍정적인 조직 감정과 조직원 결속 등 조직원 관계가 호전된다는 것이다. Oliver(1999)는 사랑, 애정과 같은 감정에 기반을 둔 관계 유지 의사를 감정 없는 일반적, 태도적인 충성도와 구별하면서 강조했다. 애정과 유대감을 느끼는 이 감정이란 것은 개인들이 재생산적인 관계(Reproductive Relationship)를 형성하고 유지해 나가도록 돕는 결속 장치의 하나라는 것이다(Gonzaga *et al.*, 2001). 상사나 동료와의 대인 커뮤니케이션이 좋을수록 기업 명성과 조직-사원 간 관계성에도 영향을 미치며 조직 동일시가 강해진다(장현지 · 차희원, 2013). 특히 조직원 관리 측면에서의 갈등관리는 관계뿐만 아니라 조직성과와도 관련이 있을 수 있다. 조직생활을 하는 동안 조직원들간에 발생하는 다양한 갈등들을 어떻게 받아들이고 해소하며 관리하느냐의 문제가 갈등의 당사자 간의 관계에도 의미있는 영향을 미친다(김순희 · 홍희정 2016). 조직관리 측면에서 갈등 해결을 위한 갈등관리 능력이 더욱 강조되고 있다(조영대, 2011). 김호정(2011)은 조직원 갈등을 과업갈등(Task Conflict)과 관계갈등(Relationship Conflict)으로 구분하면서 일의 내용이나 목표와 관련한 갈등이던, 인간관계에 관한 갈등이던간에 갈등에 노출된 당사자들은 나름대로 발생된 갈등에 대처하기 위한 방식을 강구하게 된다고 했다. 특히 이러한 갈등관리 전략들을 조직에 도움이 될 수 있는 방법을 밝혀낼 수 있다면 조직관리 측면에 있어 상당히 의미 있는 일이라고 주장했다(김호정, 2011). 트렌드에 맞게 지금이야 말로 문화예술을 활용한 내부 조직원 갈등관리 전략이 본격적으로 기획, 시행될 때임에 틀림이 없다.

(7) 업무 몰입

Brown(1996)은 업무에 있어서 어떤 사람들은 본인이 하는 일에서 활기를 얻고 그 일에 깊이 몰두할 수 있지만, 어떤 사람들은 일로부터 정신적으로나 정서적으로 멀어질 수도 있다고 주장했다. 업무 몰입은 업무와 관련된 긍정적이고 충만한 활력(Vigor), 헌신(Dedication), 몰두(Absorption)로 특징되는 마음의 상태다(Schaufeli *et al.*, 2002). 업무에 몰입된 개인은 에너지와 일에 대해 높은 수준의 열정을 가지고 있으며, 자신의 업무에 완전히 빠져 집중하고 몰입하게 된다(Bakker & Demerouti, 2009). 정명희(2010)는 개인의 업무 차이(Job Values)의 달성을 용이하게 하는 것으로, 자기 자신의 업무를 생각하는데서 발생한 즐거운 감정의 상태를 업무 만족이라고 정의했다. Porras & Robertson(1992)에 따르면, 조직의 구성원들이 자신의 업무에 대해 책임을 지고 주도적으로 열심히 일하고 그들의 직무를 배우고 직무에 몰입하면 조직 전체의 수행이 좋아질 가능성이 커진다고 했다. 업무가 몰입 활동의 특징을 가지게 된다면 수행을 위한 내적 동기는 외적 보상에 의한 것보다 강한 동기를 부여한다는 것이다. 업무몰입은 직무에 대한 애착과 자긍심, 열정을 가지고 직무에 사로잡혀 자기 능력을 최대한 발휘한 결과 직무에 만족하는 정도이다(권승숙 · 송선희, 2012).

Chapter 04

조직과 개인의 메세나 관심과 참여의지가 조직문화에 미치는 영향

1. 연구설계

(1) 연구모형 및 가설 설계

소비자들은 더 이상 경제적 소비자로서만 존재하는 것이 아니라 문화적 소비자로서 존재한다(김소영, 2006). 기업의 조직원도 노동자로만 존재하는 것이 아니라 문화적 소비자, 문화 향유자, 수혜자로 존재해야 한다. 현재 기업의 메세나는 예술가 후원의 개념을 넘어 문화를 통한 사회공헌 활동, 기업문화 개선, 조직성과, 조직원 성과 등에 이르는 다양한 활동 범위로 확대되고 있는 실정이다.

이번 장에서는 메세나에 대한 관심도가 조직문화 강화에 미치는 영향을 연구하는 데 있어 국내 기업의 메세나에 대한 관심도가 조직원 개인의 관심도에도 영향을 미치는지와, 조직과 조직원 개인의 관심이 참여의지에 미치는 영향, 그리고 참여하고자 하는 의지 정도에 따라 조직신뢰, 조직 애착, 조직 충성 각각에 긍정적 영향을 미치는지를 분석해 보았다. 기업 내부에서 조직은 물론 조직원들의 개인적인 메세나에 대한 관심도가 결국 메세나에 대한 적극적 참여를 낳고, 이러한 참여 확산이 결과적으로 조직신뢰, 애착, 충성도를 높여 긍정적 조직문화 활성화에 영향을 미칠 수 있다는 관계를 설정했다. 메세나에 대한 관심과 참여하고자 하는 의지가 조직문화의 변화를 일깨우는지에 대한 연구라 할 수 있다. 선행연구들을 기반으로 한 여섯 개의 가설을 중심으로 〈그림 2〉와 같은 연구 모형을 제시할 수 있었다.

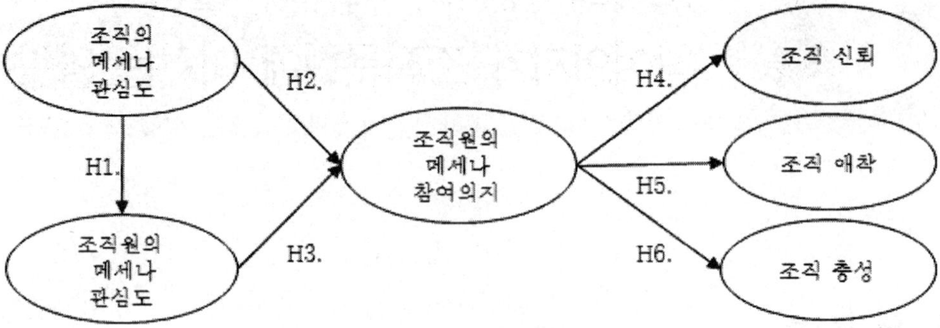

| 그림 2 | 연구모형

김해룡 · 이형탁(2010)은 조직원들은 자신이 소속된 기업의 사회공헌 활동이 자신이 갖고 있는 사회적 자아의 중요성이나 경험들을 촉진시킨다고 생각할 때 자신과 해당 의제 간의 적합성을 느낄 수 있다고 말했다. 이는 기업이 실천하고 있는 사회공헌 활동 의제가 조직원 자신이 중요하게 생각해 온 사회적인 자아를 반영하는 정도라는 것이다. 조직의 관심 분야에 따라 조직원 개인의 관심 영역이 영향을 받는 것처럼(Gupta & Pirsch, 2006) 문화예술 또는 메세나에 대한 개인적 관심과 경험들이 많을수록 메세나 활동을 접했을 경우 상대적으로 호감을 갖고 적극적으로 참여하는 것은 물론, 업무적 연관성이 없더라도 조직의 일원으로 기업 내 메세나 활동에 대해 관심을 갖게 될 것이다. 이러한 선행연구를 기반하여 가설 1을 제시할 수 있다.

H1. 조직의 메세나 관심이 높으면 내부 조직원 개인의 메세나 관심도에 정(+)의 영향을 미칠 것이다.

문화예술 활동이나 사회공헌 프로그램 참여는 기업의 전략적인 차원에서 구성되지만 이러한 활동에 참여하는 직원들에게는 회사에 대한 애사심과 자부심 또는 만족도를 높이는 의사소통의 도구가 될 수 있다(김석 · 전상경 2013). 또한 조직원의 직접적 참여 경험이 기업에 대한 소속감과 업무 자체에 대한 몰입도를 향상시키는 등 긍정적 태도를 형성할 수 있다(Maignan *et al.*, 1999; Gilder *et al.*, 2005). 결국 조직원들의 문화예술에 대한 적극적인 참여는 그들의 관심과 열정에서 기반 될 수 있으며, 최적의 경험과 심리적 상태의 안정감과 만족도를 높이기 위해서는 그만큼 조직 전체의 메세나에 대한 이해와 관심이 뒷받침되어야 할 것이다. 이러한 선행연구를 기반으로 가설 2와 3을 설정했다.

H2. 조직의 메세나 관심이 높으면 내부 조직원 개인의 메세나 참여의지에 정(+)의 영향을 미칠 것이다.

H3. 내부 조직원 개인의 메세나 관심이 높으면 개인의 메세나 참여의지에 정(+)의 영향을 미칠 것이다.

기업의 문화와 예술지원 활동을 통해 조직원은 몸담고 있는 회사에 대해 긍정적인 감정을 느끼게 되며, 이로 인해 쌓인 조직신뢰를 통하여 회사에 대한 자부심을 갖게 하는 것은 물론, 더 나아가 조직몰입과 고객 지향성에 긍정적인 영향을 미치고 종내에는 내부 직원의 자사에 대한 기업 이미지를 제고시킬 수 있다(Speed & Peter, 2000; 김소영 · 임승희, 2012; 곽철우 · 허성란, 2013).

또한 내부 종업원을 대상으로 문화예술 교육을 실시하거나 예술동아리를 지원하고 소외계층과의 문화 나눔, 문화를 통한 사회공헌, 공연이나 전시 관람의 기회 제공 등 내부 문화마케팅 활동을 강화할 경우 종업원의 자부심은 고취되고 상사와 동료 간에 관계 증진 향상을 기대할 수 있으며, 업무 창의성 기대 등 조직신뢰를 비롯한 업무성과에도 긍정적인 영향을 미칠 수 있다(Thompson, 2005; 박강희, 2013). 결국 메세나에 대한 조직원들의 참여도 역시 조직신뢰에 긍정적 영향을 미친다고 볼 수 있는데, 이러한 배경에서 가설 4를 제시할 수 있었다.

H4. 조직원의 메세나에 대한 참여의지가 높으면 조직신뢰에 정(+)의 영향을 미칠 것이다.

기업 사회공헌 활동의 경우 조직원들의 직접적인 참여 경험이 기업에 대한 소속감과 몰입도를 향상시키고 긍정적 태도를 형성하는 데 도움을 준다(Gilder *et al.*, 2005; Maignan *et al.*, 1999). 메세나 활동 역시 문화적, 예술적 참여와 공감도 측면에서 직간접적으로 조직원의 회사에 대한 자부심과 애사심에 영향을 미칠 수 있고(김주호, 2012), 기업의 문화경영 활동이 활발할수록 조직원들의 조직에 대한 소속 욕구 및 감정적 애착이 높아져 감정적 조직몰입의 정도가 높게 나타날 수 있다. 이는 메세나 참여 경험이 조직 애착에 긍정적 영향을 미칠 수 있음을 보여준다. 이러한 내용을 바탕으로 가설 5를 도출할 수 있다.

H5. 조직원의 메세나에 대한 참여의지가 높으면 조직 애착에 정(+)의 영향을 미칠것이다.

기업 사회공헌 활동에 대한 직원 참여도, 인지도, 공감도가 높을수록 회사에 대한 자부심, 만족도가 높아지고 그에 따라 충성도가 강화되는 것처럼(김석 · 전상경, 2013) 메세나 활동 역시 다른 사회봉사 활동과 달리 전시, 동아리, 문화봉사 등 체험활동이 수반되기 때문에 예술 참여를 통한 고급문화에 대한 향수와 정서적 감흥으로 인하여 조직 충성심과 연대감이 확대되기에 충분하다. 더불어 좋은 문화예술을 접하게 해 준 회사를 위해 최선을 다하겠다는 정서적 의지와 주변 사람들에게 회사에서 제공한 제반 문화예술 체험에 대한 이야기를 하며 회사 자랑을 하는 등 조직 충성도에 기여할 수 있다는 가설이 설정될 수 있다. 이에 다음과 같이 가설 6을 설정했다.

H6. 조직원의 메세나 참여의지가 높으면 조직 충성도에 정(+)의 영향을 미칠 것이다.

(2) 측정항목 및 도구

측정 변수는 독립변수인 조직 및 개인의 메세나 관심도, 종속변수는 조직신뢰, 조직 애착, 조직 충성도이다. 매개변수는 조직원의 메세나 참여의지로 가정했다. 기업 메세나에 대한 조직적, 개인적 관심도와 참여의지에 대한 선행연구들을 통해 각 특성들 간의 적합성을 살펴보고 조직의 관심도를 독립변수로 구성하여, 리커트 5점 척도(1=전혀 그렇지 않다, 2=그렇지 않다, 3=보통이다, 4=그렇다, 5=매우 그렇다)로 구성된 총 23문항으로 설문을 구성하여 연구했다.

❙표 13❙ 변수의 조작적 정의와 척도

연구 변수	변수의 조작적 정의	척도 항목수	관련 문헌
조직 관심도	메세나에 대한 조직의 관심도	5	류미애 · 박옥련(2012), Bock *et al.*(2005)
개인 관심도	메세나 인지도 및 관심도	5	류미애 · 박옥련(2012), 박미선 등(2014), 이상엽 등(2011), 공성배 등 (2011),
참여의지	메세나 참여 의도 및 참여 경험과 기쁨	5	Raman & Zboja(2006), 류미애 · 박옥련(2012)
조직신뢰	조직에서 제공한 정보에 대한 믿음	3	최종학 등(2011), 김명희 등(2013), Porter *et al.*(1975), Lypanack & Stamps(1997), Marshall(1999)
조직 애착	조직에 대한 자부심과 애정	2	최종학 등(2011), Mowday *et al.*(1982), Bergami & Bagozzi(2000)
조직 충성	조직발전 위한 노력과 자랑	3	Ashforth & Meal(1989), Ladd(1987), 박종민(2005), 조영호 · 오철환(1985)

본 연구에서는 가설적 모형에서 사용한 모든 변수들을 측정하기 위하여 기존 연구들이 개발하여 사용한 측정 문항들을 메세나 연구의 목적과 상황에 맞도록 수정하여 사용했다. 첫째, 메세나 관심도에 대한 두 변수인 '조직의 관심'과 '개인

적 관심'에 대한 요인들은 기존 연구를 기반으로 다음과 같이 측정했다. (1)조직 관심도는 '전담부서 운영 여부', '자사의 직원 복지 관심도', '메세나 활동의 전사적 정보 공유 노력', '자사 메세나 관심도', '정기적 체험활동 운영 여부' 등 다섯 항목을 사용하였고, (2)개인 관심도는 '문화예술에 대한 관심', '메세나의 필요성 인지', '자사 메세나 활동 인지도', '타사 메세나에 대한 관심', '메세나에 대한 인지와 관심' 등 다섯 항목으로 측정했다.

둘째, 가설적 모형에서 매개변수로 예상하는 메세나 참여의지는 '자사 메세나 활동에 대한 직원 동참 요구', '자발적 참여 경험', '적극적 참여 의지', '보람과 기쁨' 등으로 본 연구에 맞게 수정하여 다섯 개 문항을 사용했다. 마지막으로 '조직신뢰' '조직 애착' '조직 충성'으로 구분한 여덟 문항(조직이 제공한 정보와 약속에 대한 신뢰, 회사에 대한 자부심, 회사 발전을 위한 노력, 주변에 회사 자랑) 등 총 23개 문항을 사용했다.

(3) 자료수집과 자료 분석

본 연구의 데이터는 한국메세나협회 회원사 중 13개 기업을 중심으로 한 대기업 직원들을 대상으로 설문을 하여 직접 수거로 수집하였으며, 직접 받지 못한 직원들의 설문지는 이메일과 구글 서베이로 수집했다. 설문기간은 2016년 6월 13일~7월 8일이며, 수거된 총 459개 데이터중 불성실한 응답을 제외한 총 438개의 자료를 최종 분석에 이용했다. 자료의 인구 사회적 특성과 변수의 기술 통계치, 정규성 진단을 위해 SPSS 22.0을 활용하였으며, 회귀분석과 경로 분석을 동시에 파악할 수 있는 구조방정식 모형은 AMOS 22.0을 활용했다. 계수의 추정 방법은 최대우도법(MLE: Maximum Likelihood Estimation)을 사용하였고, 변수간 직접효과 간접효과, 총효과의 유의성을 검증하기 위해 부트스트랩(Bootstrapping)을 실시했다.

1) 표본 특성

분석에 이용된 최종 응답자의 성별은 남성이 51.6%, 여성이 48.4%로 고른 성비 분포를 이뤘다. 연령은 30세 이상~40세 미만이 53%, 40세 이상~50세 미만이 28.5%로 나타나 3,40대가 가장 높은 비율을 차지했다. 응답자의 업무경력 5년 이상~10년 미만이 30.4%, 11년 이상~5년 미만이 28.1%였으며, 15년 이상 근무자도 15%에 달했다. 응답자의 학력은 대학교 졸업자가 73.5%, 대학원 졸업이 20.3%로 학사와 석사가 주를 이루었다. 직급을 보면 사원, 대리, 과장이 각각 29.2%, 22.8%, 23.5%로 사원에서 과장이 높은 비율을 차지하고 있음을 알 수 있다. 업종별로는 서비스업이 40.4%로 가장 많았다.

❙표 14❙ 응답자 특성

구 분		빈 도	백분율
성별	남성	226	51.6
	여성	212	48.4
연령	30세 미만	67	15.3
	30세 이상~40세 미만	232	53.0
	40세 이상~50세 미만	125	28.5
	50세 이상	14	3.2
업무경력	1년 미만	24	5.5
	1년 이상~5년 미만	123	28.1
	5년 이상~10년 미만	133	30.4
	10년 이상~15년 미만	92	21.0
	15년 이상	66	15.1
학력	고등학교 졸업	23	5.30
	대학교 졸업	322	73.5
	대학원 졸업	89	20.3
	박사학위 소지	4	0.9
직급	사원	128	29.2

구 분		빈 도	백분율
	대리	100	22.8
	과장	103	23.5
	차장	54	12.3
	부장	38	8.7
	임원	15	3.4
업종	제조/생산	95	21.7
	금융및 보험	54	12.4
	유통업	61	13.9
	서비스업(교육 포함)	177	40.4
	연구개발업	34	7.8
	IT/정보통신	17	3.9

2) 정규성 점검

구조방정식 모형은 각 측정 변수의 분포가 정규성을 만족하지 못할 경우 다변량 정규분포의 가정을 충족시키지 못하게 되므로 정확한 통계적 검증을 수행하기 어렵다. 측정변수의 왜도 3 미만이며, 첨도가 10 미만일 경우에만 모수치를 정확히 측정했다고 추정할 수 있다(Kline, 2015). 본 데이터상 변수의 기술통계량 평균은 최소 3.269, 최대 3.816이고 표준편차는 최소 0.593, 최대 0.872로 나타났다. 또한 왜도는 절대값 0.221 미만, 첨도는 절대값 0.599 미만으로 나타나 다변량 정규분포의 기본 가정이 충족되었다고 할 수 있으므로 구조방정식으로 분석할 수 있음을 입증했다.

| 표 15 | **변수의 기술통계량**

변 수	평 균	표준편차	왜 도	첨 도
개인 관심도	3.436	0.809	−0.020	−0.599
조직 관심도	3.269	0.872	−0.111	−0.497
참여의지	3.514	0.750	−0.156	−0.020
조직신뢰	3.818	0.593	−0.124	0.232
조직 애착	3.739	0.724	−0.221	0.240
조직 충성	3.816	0.648	−0.141	−0.168

2. 메세나 관심과 참여의지에 대한 분석

(1) 측정모형 분석

측정모형의 분석을 위해 타당도와 신뢰도 분석을 거친 후 2단계 접근법에 따라 데이터를 분석했다(Anderson & Gerbing, 1988). 복합 신뢰도(Composite Reliability) 지수를 활용하여 내적 일관성 신뢰도(Internal Consistency Reliability)를 평가했다. 또한 복합 신뢰도는 0.7 이상의 값을 가져야 한다(Nunnally & Bernstein, 1994). 집중 타당성(Convergent Validity)과 판별 타당성(Discriminant Validity) 분석을 통해 타당성을 평가했다. 집중 타당성은 표준 요인 적재량이 0.7 이상이어야 통계적으로 유의하고, 복합 신뢰도(Composite Reliability, CR)와 크론바흐 알파 값이 0.7 보다 커야 한다. 평균 추출 분산(Average Variance Extract, AVE)은 0.5 이상이어야 한다(Gefen *et al.*, 2000).

┃표 16┃ 신뢰성 및 집중타당성 분석 결과

잠재변수	관측변수	확인적 요인분석				Composit Reliability	AVE	Cronbach's α
		Estimate	t-통계량	Mean	S.E			
개인 관심도	개인관심2	0.775	-	3.315	0.452	0.817	0.599	0.842
	개인관심4	0.842	17.421	3.431	0.353			
	개인관심5	0.775	16.147	2.920	0.476			
조직 관심도	조직관심1	0.811	-	3.273	0.395	0.900	0.692	0.901
	조직관심2	0.773	17.967	3.223	0.379			
	조직관심3	0.878	21.325	3.265	0.223			
	조직관심4	0.871	21.105	3.363	0.242			
참여 의지	참여의지2	0.827	-	3.041	0.376	0.827	0.705	0.848
	참여의지4	0.890	17.531	3.271	0.241			
조직 신뢰	조직신뢰1	0.728	-	3.687	0.242	0.855	0.664	0.754
	조직신뢰2	0.694	13.107	3.995	0.239			
	조직신뢰3	0.714	13.439	3.771	0.290			
조직 애착	조직애착1	0.891	-	3.792	0.122	0.910	0.836	0.858
	조직애착2	0.844	22.890	3.685	0.174			
조직 충성	조직충성1	0.747	-	3.945	0.221	0.877	0.706	0.818
	조직충성2	0.699	19.480	3.931	0.234			
	조직충성3	0.821	15.076	3.571	0.257			

〈표 16〉에서 확인할 수 있듯이 표준화 경로계수 중 조직충성2의 표준 적재량이 0.699로 0.7에 다소 미치지 못하나 적합성에 다른 문항들의 적재량이 크므로 대체적으로 적합하다고 보았다. 또한 t-통계량이 모두 1.96보다 크므로 유의하다고 할 수 있다. 복합 신뢰도 또한 기준치인 0.7보다 높게 나타났음을 알 수 있다. 또한 요인 항목들에 대한 Cronbach's α 값이 0.7 이상으로 신뢰성을 확보하여 내적 일관성(Internal Consistency)이 존재하는 것으로 나타났다(Nunnally, 1978). 이에 따라 연구에 사용된 모든 변수들은 대체적으로 내적 일관성을 가지고 있으며, 타당성과 신뢰도 모두 확보되었음을 확인할 수 있다.

또한 각각의 개념에 대한 AVE의 제곱근 값이 다른 구성 개념들의 상관계수보다 큰 것으로 나타나면 판별 타당성이 입증되는 것으로 알려져 있다(Fornell & Larcker, 1981). 〈표 17〉에 따라 각 구성 개념에 대한 AVE의 제곱근 값이 해당 변수와 다른 변수들 간의 상관관계 값보다 크게 나타났으므로 측정도구의 판별 타당도는 확보되었다고 할 수 있다(Fornell *et al.*, 2009).

▌표 17▐ 상관관계표 및 판별타당성 분석결과

구 분	개인 관심도	조직 관심도	참여의지	조직신뢰	조직 애착	조직 충성
개인 관심도	**0.599** (0.774)					
조직 관심도	0.600**	**0.629** (0.793)				
참여의지	0.599**	0.540**	**0.705** (0.838)			
조직신뢰	0.346**	0.315**	0.342**	**0.664** (0.815)		
조직 애착	0.607**	0.649**	0.650**	0.468**	**0.836** (0.914)	
조직 충성	0.336**	0.254**	0.319**	0.637**	0.468**	**0.706** (0.840)

** : p〈0.01, 대각선 진한부분은 AVE값, ( )값은 AVE의 제곱근 값임.

(2) 구조모형 분석

가설을 검증하기에 앞서 구조모형의 적합도를 평가하여야 한다(Gefen *et al.*, 2000). 적합 기준은 χ^2/자유도는 3 이하, GIF는 0.9 이상, AFGI 0.9 이상, RMR 0.05 이하, NFI 0.85 이상, CFI 0.9 이상, TLI 0.9 이상, RMSEA 0.05 이하이다. 최초 모형의 가설 검증을 실시했을 때는 적합도 값이 충분한 설명력을 갖지 못하였으나, 각 변수의 측정 요인과 구조 오차를 제거하거나 연결하는 절차를 거쳐 전체 모형을 수정했다. 수정된 모형에서 χ^2/자유도는 2.887로 3 이하로 나타났다. AGIF는 0.892로 나타났으나 0.85 이상이면 양호한 것이므로 적합도 지수 검증에는 문제가 없다고 판단했다. RMSEA는 0.066로 나타나 0.05 이하에는 미치지 못하나 0.08 이하도 양호하므로 이 모형은 전체적으로 적합도에 대한 설명력을 갖는 것으로 나타났다. 이로써 적합도 지수가 개선된 수정 모형을 최종 연구모형으로 채택했다. 각 모형의 추정 적합도 값은 〈표 18〉과 같다.

▌표 18▐ 모형간 적합도 평가

구분	χ^2/df	RMR	GFI	AGFI	NFI	RMSEA	CFI	TLI
최초 모형	7.044	0.130	0.824	0.758	0.836	0.118	0.855	0.822
수정 모형	2.887	0.042	0.925	0.892	0.935	0.066	0.956	0.944

수정 모형으로 가설을 검증한 결과 조직 관심은 표준화된 경로계수 0.703($p<0.001$)로 개인 관심에 가장 강력한 영향을 준 것으로 나타났으며, 조직 관심도는 0.262($p<0.001$)로 참여의지에도 영향을 미치는 것으로 나타났다. 기업의 문화예술에 대한 관심과 지원이 커질수록 이에 대한 조직원 개인의 관심도 높아짐을 검증한 것이다. 또한 개인 관심도는 표준화된 경로계수 0.533($p<0.001$)으로 참여의지에 영향력을 가졌다. 참여의지는 조직신뢰 0.460($p<0.001$), 조직 애착 0.384($p<0.001$), 조직 충성 0.367($p<0.01$) 순으로 유의한 결과를 보였다. 이로써 〈표 19〉와 같이 6개의 가설은 모두 채택되었다.

❙표 19❙ 가설검증 결과

가설(경로)	회귀계수	표준화된 회귀계수	p-값	채택 여부	R^2
조직 관심도 → 개인관심도	0.678	0.703	p〈0.001	채택	0.494
조직 관심도 → 참여의지	0.583	0.262	p〈0.001	채택	0.548
개인 관심도 → 참여의지	0.277	0.533	p〈0.001	채택	
참여의지 → 조직신뢰	0.264	0.460	p〈0.001	채택	0.211
참여의지 → 조직 애착	0.290	0.384	p〈0.001	채택	0.147
참여의지 → 조직 충성	0.260	0.367	p〈0.001	채택	0.169

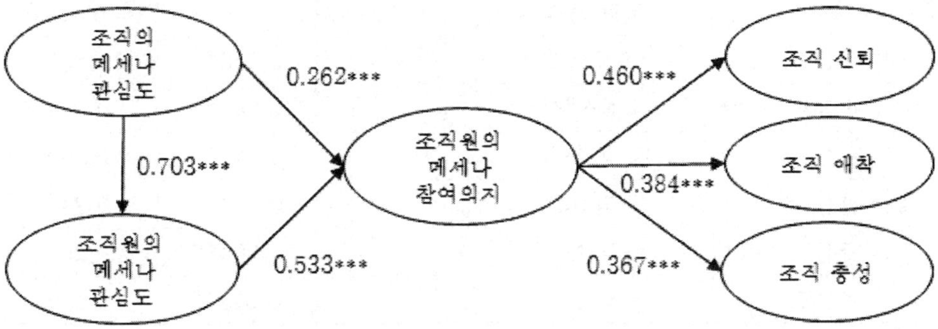

*** : p〈0.001

❙그림 3❙ 연구모형의 표준화된 경로계수 결과

매개효과의 통계적인 유의성을 검증하고자 부트스트래핑법(Bootstrapping Method)을 사용했다. 그 결과는 〈표 20〉과 같이 조직의 관심이 조직원의 메세나 참여의지에 미치는 간접효과는 0.374(p〈0.01)로 나타나 개인의 관심도가 조직 관심도와 참여의지 간에 매개 역할을 하는 것을 확인할 수 있었다. 또한 조직 관심도와 개인 관심도의 조직신뢰, 조직 애착, 조직 충성도 간 간접효과는 각 0.2(p〈0.01) 이상으로 나타나 조직원의 메세나 참여의지가 조직 및 개인의 관심도와 조직신뢰, 애착, 충성도에 간접적인 영향을 미친다는 것을 알 수 있었다. 이러한 결과는 문화예술 지원 활동이 단지 금액 기부나 협찬 정도로만 그치지 않고 전사적인 정보 공유와 함께 조직원들의 관심과 참여를 이끌어내는 선진화된 융합 메세나 전략 수립에 대한 과제를 던져준다.

| 표 20 | 간접효과, 직접효과, 총효과 분석 결과

구 분			직접효과	간접효과 (매개변수)	총 효과
조직 관심도	→	개인관심도	0.703	–	0.703
조직 관심도	→	참여의지	0.263	0.374**	0.636
개인 관심도	→	참여의지	0.532	–	0.532
참여의지	→	조직신뢰	0.460	–	0.460
참여의지	→	조직 애착	0.384	–	0.384
참여의지	→	조직 충성	0.411	–	0.411
조직 관심도	→	조직신뢰	–	0.293**	0.293
조직 관심도	→	조직 애착	–	0.244**	0.244
조직 관심도	→	조직 충성	–	0.262**	0.262
개인 관심도	→	조직신뢰	–	0.244**	0.244
개인 관심도	→	조직 애착	–	0.204**	0.204
개인 관심도	→	조직 충성	–	0.219**	0.219

** : $p<0.01$

(3) 연구결과 및 논의

최근 기업들은 조직원 유급봉사 시간을 보장하거나 조직원들의 기부에 대한 매칭그란트(Matching Grant) 기금을 집행하고, 조직원이 직접적으로 참여하는 예술활동을 기획하는 등 다양한 내부 메세나 프로그램을 실시하고 있다. 이러한 새로운 형태의 메세나를 통해 예술 후원을 넘어 사회공헌과 내부 조직 마케팅 활동을 극대화하고 있는 것이다. 이에 본 연구에서는 기업 주도적 메세나 활동이 조직원과 함께하는 조직 참여형 활동으로 강화되고 있는 현상에 기반하여 메세나 활동에 대한 조직원들의 관심도와 참여의지가 결과적으로 조직신뢰와 애착,

충성도에 긍정적 영향을 미친다는 실증적인 연구 결과를 제시하고자 했다. 분석 결과를 살펴보면, 메세나 활동에 대한 조직의 관심이 크고 지원이 많을수록 조직원 개인의 메세나에 대한 관심도 확대되는 것으로 확인되었다. 더불어 조직의 관심도와 개인 관심도 모두 조직원들의 메세나 참여의지에도 직접적 영향을 주며, 참여의지가 강화되는 만큼 조직원들의 조직신뢰, 애착, 충성도에 긍정적 영향을 미치는 것으로 나타났다. 결국 이러한 결과는 기존에 조직문화적 측면에서의 메세나 활동이 긍정적 효과를 미친다는 선행연구들의 주장을 실증적으로 입증하고 있다.

조직원의 참여도를 높일 수 있는 심리적 메커니즘인 참여의지를 매개할 경우 조직 및 조직원 개인의 메세나 관심도가 조직문화 강화 효과를 더욱 극대화할 수 있다는 결론은 메세나 활동이 일방적인 조직 활동이 아닌 조직원과 함께 프로그램 성격에서 활성화될 필요가 있음을 보여준다. 특히 메세나에 대한 조직 관심도는 직접적으로 조직원들의 참여를 이끌어내기 보다는 먼저 조직원의 메세나 관심도를 증대시키고, 이후 참여를 이끌어내는 것이 유리할 수 있음을 알 수 있다. 또한 조직원들의 메세나 참여의지가 높아질 경우 이는 곧 조직신뢰도를 비롯하여 조직 충성도와 조직 애착도 등 이성적 요인에 영향을 미친다는 결과를 도출할 수 있었다.

이러한 연구 결과는 국내 기업 조직원들의 경우 메세나 참여가 단순한 문화 활동으로 인식되는 것이 아니라 조직의 일원으로 조직 일체감과 조직 활동 만족도로 연결되어 결과적으로 직무역량 강화 및 업무 몰입도에도 영향을 미칠 수 있음을 보여준다. 궁극적으로 메세나에 대한 조직의 관심과 지원은 조직원들 개인의 예술에 대한 관심도를 높이고 조직원 참여라는 심리적, 구조적 메커니즘을 이끌어 내 조직문화를 변화시켜 긍정적인 기업환경을 조성할 수 있는 가능성을 제시하고 있다. 또한 건전하고 문화적인 기업 환경은 조직원들의 문화적 소양을 강화하여 기업의 내부 역량 강화를 이끌어 낼 수 있으며, 기업과 조직원, 사회 등의 이해관계자가 함께하는 보다 포괄적인 메세나 활동이 가능해질 수 있다.

이를 위하여 실무적 측면에서 시사점을 살펴보면 먼저, 메세나 전략을 세우는 과정에서 공연 또는 전시에 대한 단순한 후원보다는 조직원 참여를 유도하는 융합적인 전략을 적극 고려해야 한다는 점이다. 이는 소비자나 수혜자에게 초점을 둔 메세나 활동의 평가 외에 내부 조직원 관점에서 메세나 활동의 효과를 높이고 관리하는 것이 중요하다는 인식이 수반되어야 함을 전제로 한다. 다양한 참여 프로그램 개발을 통해 조직에 대한 충성도와 신뢰 등 성과지표들이 관리될 수 있을 것이며, 향후 기업이 메세나를 후원해야 할 당위성과 중요성에 대한 인식을 개선하는데 기여할 수 있다는 측면에서 접근할 수 있겠다. 둘째, 효율적인 프로그램을 전략적으로 기획하는 데 있어 자사의 메세나 활동 정보를 전사적 차원에서 메세나와 문화예술의 가치 등 정보를 공유하는 것이 중요할 수 있다. 조직의 아이덴티티(Identity)를 정교화하는 방법과 자사 직원들에게 CSR 연상을 강화하기 위해 내부적인 커뮤니케이션 활동을 통한 이미지 전달에 주력해야 한다(Scott & Lane, 2000). 이를 위해 조직원 대상으로 광고나 프로모션, 뉴스레터, 내부 리포트 등 다양한 수단들을 활용할 수 있는데(Maignan & Ferrel, 2004), 좋은 프로그램을 기획해 놓고도 내부 홍보가 제대로 되어 있지 않거나 회사 방침을 알리지 않아 참여도가 낮다면 그 기획의 의미는 퇴색될 수밖에 없다. 따라서 자사의 메세나 활동 정보를 전사적 차원에서 공유하는 것이 중요하다고 할 수 있다. 셋째, 이를 위해 메세나 전담부서의 존재와 그 역할의 강화를 고려할 수 있을 것이며, 기획과 홍보, 인사, 총무 등과의 세밀한 협의를 통해 조직원 참여를 가능하게 하는 융합 메세나 전략을 수립하여 전사적인 정보공유를 한다면 메세나 조직성과를 배가시킬 수 있을 것이다.

Chapter 05

개인의 메세나 관심과 메세나 애착도가 조직원에 미치는 영향

1. 연구설계

(1) 연구 모형 및 가설 설계

이번 장에서의 연구 목적은 메세나에 대한 조직원 개인의 관심도와 조직원들의 메세나 참여의지가 메세나 애착도에 영향을 미치는지와 이 애착도를 매개하여 조직원 성과에 영향을 미치는지를 검증하는 것이다. 선행연구를 기반으로 연구의 개념적 모형은 〈그림 4〉와 같이 구성했다. 메세나 효과에 미치는 변수들은 다양하지만, 본 연구에서는 메세나에 대한 개인적 관심도 여부, 메세나 참여도를 결정 짓는 참여의지를 통해 확보될 수 있는 메세나에 대한 애착도, 그리고 조직원들의 관계와 정서, 업무 몰입 요인에 초점을 맞춰 모형을 수립했다.

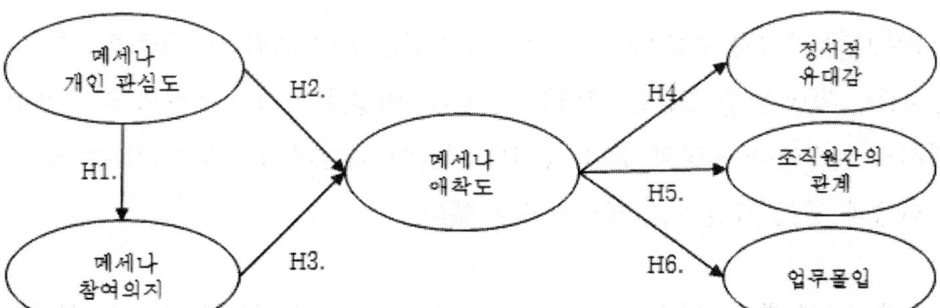

| 그림 4 | 연구모형

본 모형은 메세나에 대한 개인적 관심도가 높으면 참여의지와 참여도는 높아질 테고, 이 참여의지를 통해 메세나와 문화예술에 대한 애착도가 높아지며 이는 궁극적으로 조직원에게 정서적, 관계적, 업무적 영향을 주는 연쇄적 영향력이 있을 것임을 가정하고 있다. 특히 본 연구에서 강조하고 있는 메세나 애착도에 대한 개념은 기존 연구에서는 명확한 이론을 찾을 수 없었기 때문에 브랜드 애착, 조직 애착, 심리적 애착 등의 애착에 대한 정의에서 개념을 차용하였으며 목적과 상황에 맞게 수정했다. 메세나에 대한 긍정적인 감정과 기억, 메세나 사업에 대한 공감과 믿음 등이 그것이다. 이처럼 선행연구들에 기반하고 새로운 변수를 도입함으로써 메세나에 대한 조직원 개인의 관심 및 참여의지가 메세나 애착도와 관계가 있을 것이라는 가정 하에 가설 1, 2, 3을 설정했다.

H1. 메세나 활동에 대한 조직원 개인의 관심도가 높으면 참여의지에 정(+)의 영향을 미칠 것이다.

H2. 메세나 활동에 대한 조직원 개인의 관심도가 높으면 메세나 애착도에 정(+)의 영향을 미칠 것이다.

H3. 메세나 활동에 대한 참여의지가 높으면 메세나 애착도에 정(+)의 영향을 미칠 것이다.

황진숙(2008)은 애착의 구성요인에 대하여 특정 상품에 대한 소비자의 '애정과 친근감', 그리고 특정 브랜드에 대한 '결속과 열정적인 감정'이라고 말했다. 메세나에 대한 애정과 공감(애착)을 통해 조직원은 소속 조직이나 동료와 정서적인 유대감이 확대될 수 있음을 기대할 수 있다. 이렇듯 메세나 애착도 역시 개인의 정서적 안정이나 긍정적 심리 상태를 이끌어 내는데 영향을 미칠 수 있다. 이에 다음과 같이 가설 4를 제시하고자 했다.

H4. 메세나에 대한 애착도가 높으면 조직원의 정서적 유대감에 정(+)의 영향을 미칠 것이다.

Kelly & Hoffman(1997)은 사회공헌이나 메세나 활동 같은 사회적 선한 일을 시행하는 소속 회사에 대하여 조직원들은 긍정적인 감정을 경험하게 되는데, 이를 통해 자발적으로 행동하고 즐겁게 일하여 조직에 지속적으로 머물려는 관계 유지 의사가 더욱 강해진다고 했다(김해룡 · 이형탁 2010). 다양한 메세나 참여를 통해 메세나에 대한 애착도가 높아진 조직원은 문화예술이나 공연, 회사의 메세나 활동 경험 등을 다른 조직원들과 대화를 통해 공유하게 되고, 또한 함께 경험한 조직원들과의 친밀도와 더불어 조직원 만족도가 높은 관계 형성이 가능하게 된다. 다른 조직원들과의 관계 속에서 나타나는 갈등을 해결하고, 서로 협력 관계를 이어나가는 데 있어 메세나를 통해 형성된 동질의 애착도가 긍정적으로 영향을 미칠 수 있다. 이러한 가정 하에 다음과 같은 가설 5를 도출할 수 있었다.

H5. 메세나에 대한 애착도가 높으면 조직원간의 관계에 정(+)의 영향을 미칠 것이다.

조직원들은 자신의 가치와 조직의 가치가 일치할 때 맡고 있는 업무에 대해서도 더욱 몰입하는 등 긍정적인 태도를 보인다(Staw, 1984). 메세나에 대한 관심과 참여를 통해 개인적 가치와 조직의 가치가 일치하고 메세나와 조직에 대한 애착도가 강화되면 업무를 실행함에 있어 동료 간 친밀감이 형성되어, 결과적으로 조직에 대해 호의적이고 긍정적인 감정과 유대감을 형성할 수 있게 된다. 그리고 이러한 심리적 만족감과 애착은 업무 만족과 적극성, 업무 집중 등 업무몰입을 이끌어 낼 수 있을 것이다. 이러한 가정을 바탕으로 다음과 같은 가설 6을 설정했다.

H6. 메세나 대한 애착도가 높으면 업무 몰입에 정(+)의 영향을 미칠 것이다.

(2) 측정항목 및 도구

본 연구의 측정변수는 크게 독립변수인 개인의 메세나 관심도와 참여의지, 종속변수인 정서적 유대감, 조직원 간의 관계, 업무 몰입, 그리고 매개변수인 메세나 애착도이다. 기본적으로 메세나에 대한 개념은 순수 후원을 포함하여 조직원 대상 공연 관람, 예술 동호회 활동, 그리고 조직원 참여형 사회공헌 활동 등 직원이 접할 수 있는 문화예술 활동(김소영 · 권순원, 2009)을 통합적으로 사용했다. 매개변수로 사용한 메세나 애착도의 경우 아직까지 정의되거나 정립된 개념이 아닌 한계에 따라 각 측정 항목에 브랜드 애착이나 조직 애착 등 다양한 관점에서의 애착도와 더불어 조직원 개인의 인간적 관계 관점에서 측정항목을 재구성했다. 그 결과 본 연구는 각각의 변수를 정의할 수 있는 25개의 측정 문항을 개발했다. 각 항목은 자신의 회사가 시행하고 있는 메세나 활동에 대한 조직원 개인의 지각 정도 등 개인의 메세나에 대한 개인적 생각과 더불어 조직과 동료에 대한 개인의 인식여부 등을 응답하도록 했다.

독립변수인 조직원 관심도는 응답자의 메세나에 대한 개인적 관심도로 개인적인 예술 취향과 더불어 회사의 메세나 활동에 대한 인지도 등 5문항으로 측정했다. 예컨대 '공연, 전시에 관심이 있다', '기업의 메세나 활동은 필요하다고 생각한다', '우리 회사가 어떤 메세나 활동을 하고 있는지 알고 있다', '다른 회사의 메세나 사례를 알고 있다', '메세나가 무엇인지 알고 있으며 관심이 있다' 가 그것이다. 또한 메세나 참여의지는 '우리 회사의 메세나 활동에 직원들도 참여시켜 주었으면 좋겠다', '자발적으로 메세나 활동에 참여한 적이 있다', '동참 기회가 있다면 적극적으로 참여할 의향이 있다', '회사에서 진행하는 메세나 활동에 참여하여 보람을 느낀 적이 있다', '문화예술 체험을 통해 기쁨을 느낀 적이 있다' 등 5 항목이다.

매개변수인 메세나 애착도는 조직 애착과 다른 개념이다. 본 연구에서의 메세나 애착도는 '우리 회사의 메세나 활동에 대해 친근하게 느껴진다', '우리 회사 메세나 활동은 회사에 대해 자부심을 갖게 한다', '메세나 정보와 경험은 팀원들을 친숙한 관계로 유지하게 하는 데 도움이 된다', '우리 회사가 지원하는 메세나 활동은 문화예술발전에 도움을 준다', '우리 회사의 메세나 활동은 직원들에게 좋은 영향을 미친다', '우리 회사는 메세나 활동을 잘하고 있다고 생각한다' 등 6개 항목으로 측정했다. 종속변수인 정서적 유대감은 회사와 동료에 대한 유대감 측정을 위해 '우리 회사는 일하기 좋은 환경을 만들어 주고 있다', '동료와 상사는 내가 힘든 일이 있을 때 도와준다', '우리 회사에 다니는 것에 만족한다' 등 3개 문항으로 구성했다. 조직원 간의 관계는 '동료들과 업무나 개인적 이야기를 자주 나눈다', '조직 내에 개인적으로 믿을만한 사람이 있다', '동료와의 갈등이 있을 때 조언을 구하거나 도움을 받을 사람이 있다' 등 3개 문항이다. 업무몰입은 '일할 때 시간이 빨리 간다고 느낀다', '일할 때 업무 외에는 다른 생각을 하지 않는다', '나의 업무에 만족하며 즐겁게 일한다' 등 세 문항으로 측정되었다.

본 연구에 사용된 주요 측정 개념은 구조모형 검증을 위한 개념들로 구성되었으며, 설문조사에 활용한 각각의 문항들은 리커트 5점 척도(1=전혀 그렇지 않다, 2=그렇지 않다, 3=보통이다, 4=그렇다, 5=매우 그렇다)로 측정되었다. 기존의 선행연구들을 기반으로 변수의 조작적 정의를 하여 총 25문항으로 설문을 구성했다.

| 표 21 | 변수의 조작적 정의와 척도

연구 변수	변수의 조작적 정의	측정 항목수	관련 문헌
개인 관심도	메세나 인지도 및 관심도	5	류미애 · 박옥련(2012), 박미선 등(2014), 공성배 등 (2011),
참여의지	메세나 참여 의도 및 참여 경험과 기쁨	5	강민지 등(2012), Raman & Zboja(2006)
메세나 애착도	자사 메세나 활동에 대한 자부심과 친근감, 예술발전 및 내부 효과에 대한 공감과 믿음	6	황진숙(2008), 문경숙(2006), 박종철 · 홍성준(2009), Goranson & Berkowitz(1966)
정서적 유대감	회사에 대한 정서적 만족감, 업무환경에 대한 만족감, 조직원 간 정신적 교류	3	이현지 · 이금자(2008), 조병은(1990), Wheeless(1978)
조직원간 관계	동료와의 갈등 관리, 동료와의 대화와 신뢰	3	김순희 · 홍희정(2016)

연구 변수	변수의 조작적 정의	측정 항목수	관련 문헌
업무몰입	업무 집중과 만족	3	Brook, *et al.*(1988), Morrow(1993), Schaufeli *et al.*(2002), Kristof(1996), 이병관 · 소영호(2008), 권승숙 · 송선희(2012), 조영호 · 오철환(1985)

(3) 자료수집과 분석

본 연구의 데이터는 한국메세나협회 회원사 중 13개 기업을 비롯한 대기업 직원들을 대상으로 한 설문조사를 통해 수집되었다. 설문 응답자들은 자사에서 제공하는 메세나 프로그램에 참여한 경험이 있는 직원들이 주를 이루고 있다. 설문지는 기업 메세나 담당자들을 통해 직접 배포 및 수거하였으며 일부는 이메일 및 구글 서베이로 수거했다. 수거된 459개 데이터 중 불성실한 응답을 제외한 총 438개의 자료를 최종 분석했다. 자료의 인구 사회적 특성과 변수의 기술 통계치와 정규성 테스트를 위해 SPSS 22.0을 활용하였으며, 회귀분석과 경로 분석을 동시에 파악할 수 있는 구조방정식 모형은 AMOS 22.0을 활용했다. 계수의 추정방법은 최대우도법(MLE: Maximum Likelihood Estimation)을 사용하였고, 변수간 직접효과 간접효과, 총효과의 유의성을 검증하기 위해 부트스트랩(Bootstrapping)을 실시했다.

2. 메세나 관심과 애착도 분석

(1) 표본 특성

최종 응답자의 성별은 남성 51.6%, 여성이 48.4%였으며, 연령은 30세 이상~40세 미만이 53%, 40세 이상~50세 미만이 28.5%로 나타나 3,40대가 가장 높은 비율을 차지했다. 응답자의 업무경력은 5년 이상~10년 미만 30.4%, 11년 이상~5년 미만 28.1%였으며, 15년 이상 근무자는 15%로 나타났다. 응답자 학력은 대학교 졸업자 73.5%, 대학원 졸업 20.3%로 학사와 석사가 주를 이루었다. 직급은 사원, 대리, 과장이 각각 29.2%, 22.8%, 23.5%로 사원에서 과장이 높은 비율을 차지했다. 업종별로는 서비스업이 40.4%, 제조와 생산이 21.7%, 금융 및 보험이 12.4%로 집계되었다.

| 표 22 | 응답자 특성

구분		빈도	백분율	구분		빈도	백분율
성별	남성	226	51.6	직급	사원	128	29.2
	여성	212	48.4		대리	100	22.8
연령	30세 미만	67	15.3		과장	103	23.5
	30세 이상~40세 미만	232	53.0		차장	54	12.3
	40세 이상~50세 미만	125	28.5		부장	38	8.7
	50세 이상	14	3.2		임원	15	3.4
업무 경력	1년 미만	24	5.5	업종	제조, 생산	95	21.7
	1년 이상~5년 미만	123	28.1		금융 및 보험	54	12.4
	5년 이상~10년 미만	133	30.4		유통업	61	13.9
	10년 이상~5년 미만	92	21.0		서비스업 (교육 포함)	177	40.4
	15년 이상	66	15.1		연구개발업	34	7.8
학력	고등학교 졸업	23	5.3		IT/정보통신	17	3.9
	대학교 졸업	322	73.5				
	대학원 졸업	89	20.3				
	박사학위 소지	4	0.9				

(2) 측정모형 분석

구조방정식 분석을 실시하기에 앞서, 본 연구에서 측정된 구성 개념들의 타당성을 검증하기 위해 집중 타당성과 판별 타당성을 분석했다. 먼저, 요인 분석을 실시함에 있어 분석 값이 낮은 항목들은 정제했다. 개인 관심도 5개 문항 중 4개 문항으로, 참여의지는 최초 5개 문항 중 3개 문항으로 분석하였으며, 메세나 애착도는 6개 문항을 4개로 정리했다. 종속변수인 정서적 유대감과 조직원 간의 관계, 업무 몰입 각각 3 항목은 유지했다. 다항목으로 측정된 구성 개념의 내적 일관성 측정을 위해 Cronbach's α를 이용한 신뢰성 검증과 확인적 요인 분석을 실시했다. 〈표 23〉과 같이, 본 연구의 구성 개념들에 대한 Cronbach's α 값은 기준치인 0.7을 상회하는 0.774에서 0.893로 나타나 만족할 만한 수준의 신뢰성이 확보된 것으로 조사되었다(Nunnally, 1978). 그러나 확인적 요인 분석 결과 개별 측정변수들의 표준화 회귀계수 중 업무몰입2 문항이 0.501로 집중 타당성 확보를 위한 표준화 적재량 0.7에 미치지 못하는 것으로 나타났다. 그럼에도 불구하고 일반적으로 표준화 적재량은 0.7 이상이 권고되지만, 연구 분야 특이성으로 인해 변수의 측정 항목을 새롭게 개발하거나 적용할 때는 0.4 이상도 허용 가능한 것으로 알려져 있다(Hulland, 1999). 본 연구의 변수 중 새롭게 적용한 항목들이 있음을 감안하였을 때 모든 요인이 수용 가능한 수준인 0.4를 넘기고 있으며, 나머지 문항들도 무난하게 그 조건을 충족시키고 있다. 이로써 측정항목의 내적 일관성은 모두 확보한 것으로 판단했다. 또한 복합 신뢰도(Composite Reliability, CR) 값이 0.7 보다 크게 나타났으며(Nunally, 1978), 평균추출분산(Average Variance Extract, AVE)도 0.5를 웃돌아 집중 타당성도 확보되었다(Gefen, *et al.*, 2000).

| 표 23 | 신뢰성 및 집중타당성 분석 결과

잠재변수	관측변수	확인적 요인분석				Composit Reliability	AVE	Cronbach's α
		Estimate	t-통계량	Mean	S.E			
개인관심도	개인관심2	0.814	-	3.315	0.382	0.853	0.593	0.860
	개인관심3	0.752	16.766	3.716	0.354			
	개인관심4	0.798	18.050	3.431	0.440			
	개인관심5	0.760	16.995	2.920	0.503			
참여의지	참여의지2	0.816	-	3.041	0.397	0.825	0.614	0.812
	참여의지3	0.663	14.245	3.648	0.452			
	참여의지4	0.857	19.013	3.271	0.307			
메세나애착도	애착도1	0.828	-	3.523	0.262	0.910	0.717	0.893
	애착도2	0.836	20.536	3.564	0.272			
	애착도4	0.815	19.787	3.678	0.272			
	애착도5	0.812	19.681	3.591	0.262			
정서적유대감	정서1	0.745	-	3.543	0.245	0.898	0.747	0.829
	정서2	0.762	15.349	3.751	0.207			
	정서3	0.841	16.842	3.737	0.173			
조직원간의관계	관계1	0.689	-	3.747	0.301	0.913	0.780	0.853
	관계2	0.887	16.074	3.840	0.233			
	관계3	0.875	15.989	3.860	0.137			
업무몰입	업무몰입1	0.661	-	3.728	0.461	0.772	0.541	0.774
	업무몰입2	0.501	11.707	3.486	0.550			
	업무몰입3	0.842	13.88	3.682	0.176			

또한 가설 검증을 하기에 앞서 각 변수 간의 상관관계 등을 확인하기 위해 구성개념 간 상관관계 분석을 실시했다. 이를 위해 관측 변수 간의 공유분산 값이 다른 잠재변수와의 공유분산 값보다 큰 지를 확인하는 것으로 평균분산 추출 값(AVE)을 사용했다. 분석결과, 평균분산 추출 값이 구성개념 간의 공유분산보다 크게 나타났으며(Fornell & Larcker, 1981), $\sqrt{AVE}$ 값이 해당 변수의 상관계

수보다 큰 것으로 나타났기 때문에 판별 타당성이 확보되었다고 볼 수 있다(Fornell *et al.*, 2009).

| 표 24 | 상관관계표 및 판별타당성 분석결과

구 분	개인 관심도	참여 의지	메세나 애착도	정서적 유대감	조직원간의 관계	업무몰입
개인 관심도	**0.593** (0.770)					
참여의지	0.636**	**0.614** (0.784)				
메세나 애착도	0.672**	0.706**	**0.717** (0.847)			
정서적 유대감	0.290**	0.394**	0.441**	**0.747** (0.864)		
조직원간의 관계	0.222**	0.282**	0.325**	0.583**	**0.78** (0.883)	
업무몰입	0.324**	0.383**	0.445**	0.618**	0.528**	**0.541** (0.735)

주: ** p〈0.01, 대각선 진한 부분은 AVE값, ( )값은 AVE의 제곱근 값임.

(3) 구조모형 분석

가설을 검증하기에 앞서 구조모형의 적합도를 평가하여야 한다(Gefen *et al.*, 2000). 적합 기준은 χ^2/자유도는 3 이하, GIF는 0.9 이상, AFGI 0.9이상, RMR 0.05 이하, NFI 0.85 이상, CFI 0.9 이상, TLI 0.9 이상, RMSEA 0.08 이하이다(Bagozzi & Yi, 1988; Segars & Grover, 1993). 수정된 모형에서 χ^2/자유도는 2.574로 3 이하로 적정하게 나타났다. 측정 모형의 적합도 지수는 GFI=0.906, AGFI=0.876, NFI=0.924, RMR=0.042, CFI=0.952, TLI=0.943, RMSEA=0.060으로 나타났다. 따라서 이 모델의 적합도는 수용 가능한 수준이라 판단했다. 각 모형의 적합도 값은 〈표 25〉와 같다.

▌표 25▐ 모형간 적합도 평가

구 분	χ^2/df	RMR	GFI	AGFI	NFI	RMSEA	CFI	TLI
최초 모형	4.622	0.073	0.840	0.794	0.860	0.091	0.887	0.868
수정 모형	2.574	0.042	0.906	0.876	0.924	0.060	0.952	0.943

수정 모형으로 가설을 검증한 결과, 메세나 관심도는 표준화된 경로계수 0.734($p<0.001$)로 참여의지에 가장 강력한 영향을 준 것으로 나타났으며, 참여의지는 0.51($p<0.001$)로 애착도에도 영향을 미치는 것으로 나타났다. 개인의 관심도는 메세나 애착도에 0.387($p<0.001$)의 결과치를 보여주었다. 문화예술과 메세나에 대한 개인의 관심이 메세나 참여의지에 직접적인 영향을 주며, 이 관심과 참여를 통해서 문화예술과 메세나에 대한 애착이 생긴다는 것을 입증한 것이다. 또한 메세나 애착도는 표준화된 경로계수 0.576($p<0.001$)으로 업무 몰입 효과에 가장 큰 영향력을 보였으며, 정서적 유대감에 0.516($p<0.001$), 조직원 간의 관계 효과에 0.346($p<0.001$) 순으로 나타나 모든 가설이 유의한 결과를 보였다.

▌표 26▐ 가설검증 결과

가설(경로)	회귀 계수	표준화된 회귀계수	p-값	채택여부
개인 관심도 → 참여의지	0.752	0.734	$p<0.001$	채택
개인 관심도 → 메세나 애착도	0.337	0.387	$p<0.001$	채택
참여의지 → 메세나 애착도	0.433	0.510	$p<0.001$	채택
메세나 애착도 → 정서적 유대감	0.376	0.516	$p<0.001$	채택
메세나 애착도 →조직원간의 관계	0.238	0.346	$p<0.001$	채택
메세나 애착도 → 업무몰입	0.456	0.576	$p<0.001$	채택

메세나 개인 관심도와 참여의지가 메세나 애착에 영향을 미치는 요인과 조직원의 정서, 관계, 업무 몰입과의 구조적 관계를 검증하기 위해 실시한 구조모형의 분석 결과는 〈그림 5〉와 같다.

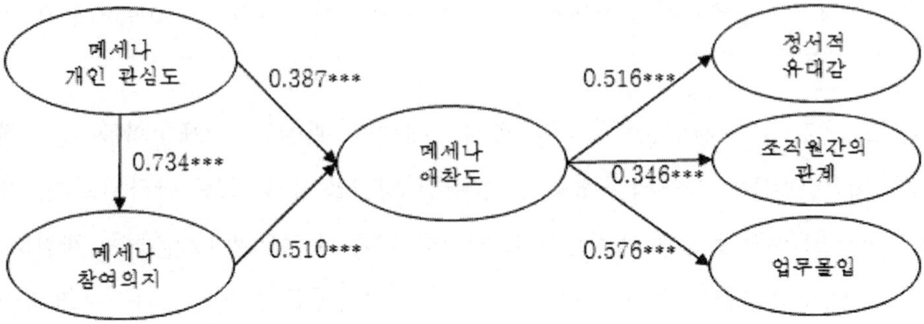

주: *** p〈0.001

▌그림 5▐ 연구모형의 표준화된 경로계수 결과

이밖에 매개효과의 통계적 유의성을 검증하기 위해 부트스트래핑법(Bootstrapping method)을 사용했다. 그 결과는 〈표 27〉과 같이 메세나 참여의지의 간접효과는 0.374(p〈0.01)로 나타나 개인 관심도와 메세나 애착도의 매개 역할을 하는 것을 확인했다. 또한 메세나 관심도와 참여의지에 대한 조직원 효과에 있어 메세나 애착도의 간접효과는 0.263~0.438(p〈0.01)로 분석되어 애착도가 조직원 효과에 매개 역할을 하는 것으로 나타났다. 특히 애착도를 매개한 개인의 관심도가 업무 몰입에 가장 강력한 효과를 보이는 것을 알 수 있다. 이 결과는 앞으로의 기업 문화예술 지원 활동은 조직원들의 관심과 참여를 통해 애착도를 이끌어냄으로써 또 다른 조직원 성과를 낼 수 있다는 가능성과 시사점을 제시했다.

| 표 27 | 간접효과, 직접효과, 총효과 분석 결과

경로			직접효과	간접효과 (매개변수)	총효과
개인 관심도	→	참여의지	0.734	-	0.734
	→	메세나 애착도	0.387	0.374**	0.761
참여의지	→	메세나 애착도	0.510	-	0.510
메세나 애착도	→	정서적 유대감	0.516	-	0.516
	→	조직원간 관계	0.346	-	0.346
	→	업무몰입	0.576	-	0.576
참여의지	→	정서적 유대감	-	0.263**	0.263
	→	조직원간 관계	-	0.176**	0.176
	→	업무몰입	-	0.293**	0.293
개인 관심도	→	정서적 유대감	-	0.392**	0.392
	→	조직원 관계	-	0.263**	0.263
	→	업무몰입	-	0.438**	0.438

주: ** $p<0.01$

(4) 연구 결과 및 논의

롯데그룹 신동빈 회장은 최근 "새로운 산업환경 변화에 대한 대응은 최첨단 기술개발도 필요하지만 무엇보다 사람이 갖는 가치가 중요하며, 기업의 새로운 원동력은 임직원들에 달려있다"며 조직의 발전에는 조직원의 역량이 중요함을 강조한 바 있다(동아일보, 2017).

이번 장에서는 감성적, 예술적 공감을 주제로 한 문화예술 지원활동인 메세나가 조직원들의 정서와 관계 강화 등 조직원 효과에 실제적으로 영향을 미치는지를 증명하고자 했다. 이를 위해 국내 대기업 조직원들을 대상으로 그들의 메세나에 대한 관심과 참여 그리고 애착에 따라 개인적인 차원의 정서적, 관계적, 업무적 측면의 효과에 대한 관계를 분석했다. 결과적으로 순수예술 후원, 내부 문화마케팅, 예술 동아리 활동 등에 대한 조직원 개인의 관심은 메세나에 대한 참여의지와 애착도 강화로 이어지고, 실제 조직원 개인의 정서적 유대감, 다른 조직원과의 관계, 업무 몰입 측면에서 모두 긍정적 영향을 미치게 됨을 확인할 수 있었다.

이는 단순히 예술을 후원하기 위한 목적에서 간접적 또는 일방적으로 조직원들에게 프로그램을 제공하는 메세나의 기존 방식을 넘어 조직원들의 관심과 참여를 이끌어 메세나가 주는 긍정적 영향을 고취시키게 되면 그들의 메세나 애착도가 강화되는데, 이를 통해 메세나가 업무와 정서, 관계 등 조직원 역량 강화에도 직접적 영향을 미칠 수 있음을 보여준다. 결국 메세나를 통한 내부 마케팅 활성화는 감성적, 문화적 예술 활동을 기반한 조직원들의 개인적 역량을 배양하는 전략적 수단으로 활용될 수 있음을 확인할 수 있었다.

Chapter 06

지속가능한 조직문화를 위한 메세나의 미래

글로벌한 무한경쟁 속에서 우리 기업들은 경쟁 기업보다 앞서 나가고 지속적인 발전을 이루기 위해 기업 내,외부 고객의 요구를 미리 파악하여 경영에 반영해야 한다. 점차 기업의 생존을 위한 핵심요소로 자리잡은 지속가능 경영에 대한 가치는 점차 중요시되고 있다. 따라서 기업들은 이윤 추구에 집중하는 자본주의 모델의 한계에 따른 사회적 이해를 구하고자 사회에 대한 기업의 역할과 책임을 중시하고 CSR 활동을 확대하여 기업에 대한 사회의 불신을 해소하기 위해 노력하고 있다(이민재 등, 2016). 지속가능 경영은 이제 기업 경영의 필수 패러다임으로 자리매김하고 있으며(권한섭 · 박종원, 2016), 기업들은 지속가능한 발전을 위해 음으로 양으로 사회공헌 활동을 진행하고 있다. 기업들은 사회적 책임 활동 수행과 소비자, 지역사회, 시민단체, 언론 등 다양한 이해 외부 관계자들과의 우호적 관계를 구축하는 활동들이야 말로 장기적 경쟁우위 확보에 필수적이라는 것을 절감하고 있는 것이다. 지속가능 경영은 기업의 경제적 성장을 규제하는 것이 아니라 기업의 경제적, 사회적, 환경적 리스크를 선제적으로 관리하여 장기적 기업성장을 꾀하는 리스크 관리를 통한 성장 전략이다(안상형 · 최강화, 2009). 이 가운데 문화예술은 효율성 대신 조화 중심의 작업 과정을 통해 사회 구성원들이 조화롭게 발전하는 결과를 제공해 주기 때문에 기업과 국가는 문화예술을 통해 훨씬 더 큰 가치를 창출한다(조동성, 2014).

현대 경영학의 창시자 톰 피터스 박사는 현시대에서 창조적 혁신을 하려면 '조직의 문화'가 중요하다고 말하며 이러한 문화를 만드는 것은 결국 '사람'이라고 주장했다(동아일보, 2016). 조직원을 통한 조직문화가 중요함을 강조한 말이다. 결국 기업과 조직은 적극적으로 학습화된 조직문화를 통해 외부 환경의 빠른 변화를 능동적으로 적응 및 대응할 수 있게 되며, 확보된 지적 자본을 통해 기업의 경쟁력을 갖출 수 있게 된다. 때문에 지식이 자본으로서 역할을 하게 되는 지식사회, 융합시대에 있어서 보다 창의적이고 조직에 충성하는 조직문화를 구축하는 것은 기업의 지속 가능 경영을 위해 매우 중요하다. 기업 경영에 있어 창의적인 아이디어가 무엇보다 중요한 때이다. 문화예술의 근간을 이루는 창의력을 활용할 수 있다는 점에서 기업과 문화예술은 상생의 융합 프로그램이 필요하다. 창조적 글로벌 인재 육성의 근간인 창조, 몰입, 재미, 감성을 위한 요소 또한 문화예술에서 찾을 수 있다.

또한 스트레스 감소와 자기 효능감 확대 등 메세나의 조직원 효과는 매우 다양하다. 기업을 이끌어가는 주최라 할 수 있는 조직원에게 문화예술을 통한 다양하고 적극적인 전략의 실행과 더불어 이에 대한 심도 깊은 연구가 시급하다. 김우정(2009)을 포함한 전문가들은 문화마케팅이 문화예술의 미학적 가치를 활용한 기업의 내 · 외부 커뮤니케이션에 초점을 맞추고 기업의 메세나와 감성경영 등에 예술을 접목하는 경영을 의미한다고 말했다. 그런 점에서 기업의 지속가능과 창의성 확보를 위한 방법 중 문화예술을 주제로 하는 메세나는 훌륭한 활용 도구가 될 수 있다.

메세나의 영역이 이렇듯 빠르게 변화하고 있음에도 이에 대한 연구는 매우 부족한 실정이다. 메세나 및 문화마케팅 관련 국내 연구들은 1990년대 초반, 마케팅 또는 CSR의 한 분야로만 다뤄지다가 2000년대 들어서면서 매년 4~6편의 논문이 발표되기 시작했다. 2005년~2015년 10년간 발표된 논문 중 96.7%가 2008년 이후 게재되어 2008년을 기점으로 연구 문헌 수가 조금씩 늘어났다. 사회과학 분야 중 경영학에 40%가 집중되어 있었으며, 다음으로 관광학 분야에 28%, 신문방송학에 0.9% 게재되었다. 그리고 기존 문헌들은 외부 커뮤니케이션 효과에만 집중되어 있고 정작 내부 커뮤니케이션 측면에서의 연구는 매우 소극적이었음을 알 수 있다.

이에 본 연구를 통해 그간의 국내 메세나와 문화마케팅 관련 연구들을 세분화하고 정리하여 메세나 연구의 이론적 토대를 확보하였다. 또한 메세나에 대한 조직과 개인의 관심도가 메세나 참여의지를 매개하여 조직 충성, 조직신뢰, 조직애착 등 조직문화 강화에 미치는 영향 관계와 함께 개인의 메세나 관심과 참여의지와 메세나 애착도를 매개로 하여 조직원들의 정서적 유대감과 동료와의 관계 강화, 업무 몰입 등 구체적인 조직원 효과를 이끌어 낼 수 있음 증명했다. 메세나의 내부성과를 내기 위해서는 조직의 관심도, 개인의 관심, 참여, 애착 등 다양한 개념들이 필요함을 증명함으로써 메세나의 내부 효과를 극대화하기 위한 조직 구조적, 조직관리 및 조직원 심리적 메커니즘을 규명했다. 또한 기업의 내부 마케팅 전략으로써의 메세나 활동을 강화하고, 메세나 프로그램의 다양화와 발전을 위한 이론적 근거를 제시했다.

기업 경영에 문화예술을 활용한다는 것은 문화예술의 창의성을 활용해 창의적인 기업문화와 아름다운 고객 문화를 만드는 전 과정을 말한다(BBC, 2007). 더불어 구성원의 역량 향상과 새로운 기술 창출, 사업 아이디어로 연계할 수 있는 창의적이고 다양한 내부 메세나 전략이 구현되어야 할 때다. 이를 위해 열린 기업문화와 조직원 관리, 문화예술의 장점을 활용한 다양한 관점에서의 연구로 발전해 나가야 할 것이다.

더불어 본 연구는 조직의 메세나 관심도, 조직원 메세나 참여의지, 메세나 애착도라는 주요 변인들을 추출하고 그 중요성을 강조하여 조직 효과를 강화할 수 있음을 검증했다. 조직이 메세나와 문화예술의 가치와 성과를 이해하여 이를 통한 조직원 참여 프로그램을 확대한다면, 조직원은 보다 적극적으로 관심을 갖고 되고 참여의지가 높아져 참여도 증가와 함께 다양한 조직성과를 낼 수 있다. 개인적 예술 관심만으로는 조직원 효과를 기대하기 어렵고, 조직의 관심과 조직원의 참여의지, 메세나 애착도를 강화해야만 조직성과와 조직원 역량이 높아진다는 것이다.

이에 기업들은 메세나 성과를 강화하기 위하여 사업 기획 시 후원, 협찬을 뛰어넘어 내부 효과를 위한 보다 세밀하고 융합적인 프로그램을 마련할 필요가 있다 하겠다. 조직원들을 설득하기 위하여 기획의도와 긍정적 성과에 대한 정보 공유, 참여 독려, 만족도 조사, 예상 효과 공유 등 다양한 실무적 융통성이 필요한 부분이다. 더불어 본 연구에서 제시한 각 변수에 대한 개념이나 연구 결과는 메세나 활동뿐만 아니라 조직원 협력이 필요한 다른 기업 활동에도 적용될 수 있다.

본 연구의 학술적 시사점을 정리해 보면 첫째, 최근 10년간의 메세나 및 문화 마케팅 연구들을 체계적으로 분석하여 그 트렌드와 연구 현상을 분석했다. 특히 기업 경영학적 측면에서 진행된 연구 현황을 분석함으로써 내부 조직 관점 즉, 조직 관리와 기업문화 관점에서 향후 어떤 연구들이 발전적으로 진행될 필요가 있는지에 대해 구체적으로 논의하고 기존 트렌드를 기반으로 발전 방향을 제시했다. 둘째, 학술적 연구 현황을 파악하여 외부 환경의 빠른 변화를 능동적으로 대응하고 기업 차별화를 위한 전략적 측면에서 메세나가 다양하게 활용될 수 있다는 이론적 근거를 제시했다. 셋째, 기업의 내부 마케팅적 접근에서 조직문화와 조직원 역량 강화를 위한 메세나 성과 요인이나 메커니즘을 조명함으로써 기업 메세나의 영역과 메세나 연구의 범위를 확장시켰다. 참여의지와 관심도가 애착도를 매개로 하여 조직원 역량 강화, 특히 업무적 효과에 큰 영향력이 있음을 규명함에 있어 조직의 관심에 대한 중요성과 더불어 메세나 애착도라는 개념을 도입, 그 중요성과 효과를 증명했다는 점에서 연구의 학술적 의의를 가진다.

메세나를 비롯한 다양한 사회공헌 활동 참여에 있어 기업 조직원의 참여 동기와 개인적 요구를 진단하고 분석하는 일은 매우 중요하다. 조직원이 원하는 메세나 프로그램을 개발하여 제공하기 위한 일차적 직무가 우선되어야 한다. 또한 조직원의 요구에 부합하는 적절한 방법으로 예술교육이나 메세나 체험을 실시함으로써 조직원의 메세나 참여에 대한 동기를 불러일으킬 뿐만 아니라 효율적인 조직원 참여를 가능하게 할 수 있다. 조직원들에게 메세나 사업의 특이성과 장점

등을 교육 또는 이해시키지 않은 채 참여 프로그램에 노출될 경우 조직원들의 참여 의욕을 저하시키고 비효율적 운영으로 낮은 성과를 초래하게 된다.

메세나 활용에 대하여 실무적 차원의 시사점은 첫째, 기업이 내부 마케팅적 측면에서 메세나 효과를 획득하기 위해 무엇보다 조직원들에게 관심과 애착을 조성할 수 있는 보다 복합적인 메세나 프로그램을 기획, 제공할 수 있어야 함을 제공했다는 점이다. 기존에 억지 참여를 유도하던 공연 관람이나 문화 활동에서 발전, 단순 참여 수준을 넘어 조직원들의 조직 및 메세나에 대한 심리적 호감도를 높여 조직원들의 정서적, 관계적 효과를 이끌어 낼 수 있는 창의적이고 융합적인 프로그램을 기획할 필요가 있다. 더 나아가서는 업무의 특성을 고려한 다양한 예술교육 프로그램을 개발, 정례화하여 업무 몰입이나 업무 집중 또는 업무역량 강화에도 도움을 줄 수 있는 메세나 프로그램을 개발하여 제공할 수 있을 것이다.

둘째, 메세나를 주관하는 기업 담당자들은 보다 적극적인 메세나 사업기획과 더불어 융통적인 부서 간 협력관계가 필요하다. 현재 메세나는 기업의 사회공헌 부서, 마케팅 부서, 홍보 부서, 경영지원 부서, 총무 부서 등에서 담당하고 있다(한국메세나협회, 2016). 시너지 효과를 내기 위하여 인사관리 부서 등과의 협력과 연계가 중요하다 할 수 있다. 협력관계에 있어 예술 지원의 효과를 극대화하기 위해 예술가 또는 문화 기획자 등 메세나 전문가들과의 협업도 필요하다 하겠다.

셋째, 본 연구에서 제시한 관심도, 참여의지, 그리고 애착도는 다른 경영전략 측면에서 활용이 가능하다. 기업에서 주목하는 전략이나 사업, 프로그램에 대한 조직원의 관심과 참여, 그리고 애착을 통해 이에 대한 다양한 조직성과를 기대할 수 있기 때문이다. 관심과 애착을 높이는 방법은 각 사업의 중요성을 강조하고, 이에 대한 정보를 내부적으로 공유하고, 그 사업의 가치와 효과를 지속적으로 설득하여 참여를 유도하는 등 다양하다.

넷째, 메세나를 단순 사회공헌 측면이나 문화마케팅의 관점에서 발전하여 문화경영을 통해 효과를 극대화할 수 있는 미래 지향적, 융복합적인 사고로의 전환을 고려할 필요가 있음을 강조했다는 점이다. 일반적으로 조직원들이 바쁜 업무

중 메세나에 적극적으로 참여하기는 쉽지 않으며, 참여와 관심이 형성되지 않으면 메세나에 대한 효과를 획득할 수 없다. 이에 기업이 참여 중심의 메세나 프로그램으로 조직원들의 관심을 유도하고, 개인적 측면에서 충분히 가치 있고 의미 있는 메세나에 동참을 유도함으로써 기업 이미지, 기업 가치의 이해, 감성적이고 창의적인 교육 등 다양한 측면에서 메세나 효과를 획득할 수 있도록 고려해야 할 것이다.

▣ 참고문헌

간형식, 류정혜, 최현아(2012), "기업의 문화지원시 새로운 문화마케팅 브랜딩이 기업 이미지에 미치는 영향," 「상품학연구」, 제30권, 제2호, pp. 9-19.

강민지, 이계훈, 문광수, 오세진(2012), "비공식 조직 참여도가 직무만족에 미치는 영향," 「한국심리학회지」, 제25권, 제4호, pp. 681-700.

강성주(2008), "인터널 마케팅이 지속가능 경영에 미치는 영향에 대한 연구", 석사학위 논문, 서강대학교.

고경자(2009). "문화예술교육이 학습자의 정서적 변화에 미치는 효과 분석 연구", 박사학위논문, 추계예술대학교.

고언정, 한주희(2009), "기업의 문화예술 지원활동(메세나)과 조직 동일시의 관계 메커니즘," 「보험금융연구」, 제20권, 제1호, pp. 151-182.

공성배, 지용주, 한동진(2011), "골프관심도와 골프발송 시청형태 및 수행능력의 관계," 「한국체육과학회지」, 제20권, 제4호, pp. 249-258.

곽동성, 박양우, 우수영(2013), "기업의 메세나, 스폰서십과 공익광고 활동이 기업 이미지와 브랜드 태도에 미치는 영향에 관한 연구," 「예술경영연구」, 제2권, pp. 5-40.

곽상종(2008). "콜센터 내부마케팅이 상담사의 고객지향성, 직무만족 및 이직의도에 미치는 영향에 관한 연구", 박사학위 논문, 전남대학교.

곽철우, 허성란(2013), "항공사 문화마케팅이 기업 이미지와 관계 지속 의도에 미치는 영향," 「관광경영연구」, 제17권, 제1호, pp. 1-23.

국순모(2013), "호텔기업의 사회적 책임 활동이 종사원의 조직신뢰 및 조직 시민행동에 미치는 영향", 박사학위 논문, 배재대학교.

권재일(2012), "아시아나항공의 문화마케팅 운영 사례 연구," 「관광연구」, 제27권, 제4호, pp. 1-16.

권승숙, 송선희(2012), "요양보호사의 자기 효능감이 업무 만족과 업무 몰입에 미치는 영향에서 임파워먼트의 매개효과," 「한국콘텐츠학회논문지」, 제12권, 제10호, pp. 320-329.

권장헌(2013), “아트 인퓨젼이 구매의도에 미치는 영향: 럭셔리 지각과 인지유연성의 매개 역할을 중심으로,” 「Korea Business Review」, 제17권, 제3호, pp. 1-26.

권혁인, 김현수, 최용석(2015), “기업의 메세나 활동이 기업 이미지 및 평판, 구매 의도에 미치는 영향에 관한 연구,” 「경영교육연구」, 제30권, 제1호, 265-294.

권한섭, 박종원(2016) “금융업의 사회공헌 활동과 회계정보의 가치 관련성,” 「상업교육연구」, 제30권, 제5호, pp. 209-229.

금호아시아나문화재단(2016), www.kacf.net 검색일 2017.3.7

길문주, 이동귀(2010), “대학생들의 애착 유형별 통제력과 대처 양식의 차이: 잠재 프로파일 분석,” 「상담학연구」, 제11권, 제40호, pp. 1639-1654.

김광우(2011), “호텔기업의 사회적 책임(CSR) 활동이 종사원의 이직의도에 미치는 영향: 조직 이미지 조직신뢰 그리고 직무성과의 매개 역할”, 박사학위 논문, 경기대학교.

김동준(2011), “메세나의 후원 성격, 공익적 혜택, 공연 호감도가 기업 이미지에 미치는 영향 연구,” 「관광 · 레저연구」, 제23, 제1호, pp. 575-590.

김명희, 김광우, 남차현(2013), “호텔기업의 사회적 책임활동이 종사원의 이직의도에 미치는 영향,” 「외식경영연구」, 제16권, 제4호, pp. 137-160.

김미혜, 전중옥(2008), “소비자의 미술품의 유형별 구매 동기와 물질주의, 동일시, 구매의도와의 관계에 관한 연구,” 「소비자학연구」, 제19권, 제3호, pp. 187-213.

김민주, 이보아, 홍영주, 박성신, 용호성, 오진이(2005), “컬덕시대의 문화마케팅”, 미래의 창.

김상희(2007), “판매원의 대인 애착 성향과 관계 신념, 적응적 판매와의 관계에 관한 연구,” 「마케팅연구」, 제22권, 제2호, pp. 134-175.

김석, 전상경(2013), “기업 사회공헌이 조직몰입에 기여하는가?,” 「기업경영연구」, 제10호, pp. 99-118.

김선화, 이영선(2011), “문화경영이 기업의 조직성과에 미치는 영향 연구,” 「문화예술경영학연구」, 제4권, 제1호, pp. 3-31.

김소영(2006), “21세기형 메세나, 문화마케팅,” 「Korean Culture & Arts Journal」, 봄호.

김소영(2013), 메세나의 사회적 필요성과 효과, 메세나법 제정을 위한 국회 세미나 자료집.

김소영, 곽영식(2003), "기업 이미지와 문화예술분야 적합도 모델을 이용한 기업메세나 전략에 관한 연구," 「문화경제연구」, 제11권, 제4호, pp. 1639-1654.

김소영, 권순원(2009), "기업 문화경영 효과 연구," 한국메세나협회.

김소영, 임승희(2012), "기업의 문화마케팅이 조직성과에 미치는 영향," 「문화경제연구」, 제15권, 제3호, pp. 113-137.

김순희, 홍희정(2016). "조직 내 갈등과 갈등관리 전략 및 갈등 후 조직원 행동 간의 구조적 관계: 항공사 지상직원을 대상으로," 「관광연구」, 제31권, 제2호, pp. 81-106.

김소현, 황용철(2013), "적합한 문화마케팅: 스마트폰 산업에서 문화마케팅이 브랜드 로열티에 미치는 효과," 「문화산업연구」, 제13권, 제3호, pp. 105-113.

김영찬, 안광호, 임영균(2009), "사회공헌 활동을 통한 삼성테스코의 지속가능 경영," 「한국마케팅저널」, 제10권, 제3호, pp. 147-168.

김용철(2012), "문화예술 스폰서십의 특성이 소비자 반응에 미치는 영향에 관한 연구－항공사에 대한 시사점 도출," 「한국항공경영학회지」, 제10권, 제4호, pp. 107-125.

김정구, 류주연, 성희승(2002), "브랜드개성이 구전과 브랜드 애호도에 미치는 영향/사회적 일체감 이론의 적용," 「소비자학연구」, 제13권, 제1호, 25-43.

김주호(2011), "기업의 메세나 활동이 기업의 제품 광고와 가격 프리미엄에 미치는 영향: 미스터 피자 사례를 중심으로," 「경영학연구」, 제40권, 제6호, pp. 1455-1479.

김주호(2012), "기업의 메세나 활동이 소비자 행동에 미치는 영향 연구: 자아 동일시 개념을 중심으로," 「상품학연구」, 제30권, 제4호, pp. 25-37.

김주호, 윤성준, 이은정(2011), "소비자의 기업 메세나 인지로 인한 메세나 효과가 광고 평가에 미치는 영향," 「광고연구」, 제91권, pp. 277-312.

김지애, 김형준(2015), "아트 친숙성과 아트-제품 적합성이 소비자 반응에 미치는 영향에 관한 연구: 소비자의 심미적 성향의 조절효과를 중심으로," 「마케팅논집」, 제23권, 제2호, pp. 67-83.

김해룡, 이형탁(2010), "CSR 활동의 적합성과 CSR연상: 종업원 동일시를 중심으로,"

「경영학연구」, 제39권, 제4호, pp. 881-905.

김호정(2004), "조직구조와 조직 효과성," 「한국조직학회보」, 제1권, 제3호, pp. 25-26.

나준희(2013), "문화마케팅과 교통 관련 기업의 브랜드 개성," 「문화산업연구」, 제13권, 제4호, pp. 1-8.

나준희(2013), "문화마케팅이 브랜드 개성 및 브랜드 충성도에 미치는 영향: 교통 관련 기업을 대상으로," 「문화산업연구」, 제13권, 제3호, pp. 11-19.

노연희(2010), "직원의 기부 및 자원봉사 참여, 기업 사회공헌에 대한 태도, 그리고 조직몰입 간의 연구," 「한국사회복지학」, 제62권, 제4호, pp. 349-376.

동아일보, 2016년 12월 8일자, "불가능에 도전하는 한국 기업문화, 파괴 시대에 적합".

동아일보, 2017년 3월 24일자, "신동빈, 새 롯데의 원동력은 임직원".

두산 사회공헌 백서(2016).

류미애, 박옥련(2012), "문화마케팅 관심도에 따른 기업 이미지 및 의복 구매행동에 관한 연구-유니클로 브랜드를 중심으로," 「경영과 정보연구」, 제31권, 제1호, pp. 1-21.

매일경제, 2017년 4월6일자, "매경데스크_한국의 메디치家가 나오려면".

문경숙(2006), "학업 스트레스가 청소년의 자살충동에 미치는 영향: 부모와 친구에 대한 애착의 매개효과," 「아동학회지」, 제27권, 제5호, pp. 143-157.

문달주, 임언석(2005), "기업 브랜드의 메세나 활동에 대한 소비자 태도 연구 : 동일시 이론의 적용," 「광고학연구」, 제16권, 제3호, pp. 83-117.

문달주, 허웅(2006), "문화마케팅을 활용한 명품 브랜드 이미지 구축에 관한 연구," 「광고학연구」, 제17권, 제2호, pp. 59-82.

민동원(2001), "기업 메세나가 기업 이미지에 미치는 영향 연구," 석사학위 논문, 연세대학교.

민민식(2002), "메세나 활동을 통한 브랜드 구축 사례," 오리콤 브랜드 저널.

박강희(2013), "문화마케팅의 구성 차원이 러브마크와 브랜드 애호도, 전환 의도에 미치는 영향에 관한 연구: 기업 아이덴티티와 기업 이미지의 매개효과," 박사학위 논문, 강원대학교.

박미선, 이범준, 함선옥(2014), " 강관심도 및 환경 관심도에 따른 품질인증 농산물의 소비자 인식 차이," 「외식경영연구」, 제17권, 제5호, pp. 107-132.

박민생(2009), "기업 메세나 활동의 동기와 효과에 관한 고찰," 「경영정보연구」, 제28권, 제3호, pp. 117-140.

박수진, 김상범, 이수범(2014), "항공사 승무원의 가치 의제가 고객지향성에 미치는 영향에 관한 연구," 「대한관광경영학회」, 제29권, 제2호, pp. 25-40.

박은아, 김태형, 성영신, 강정석(2004), "소비자 - 브랜드 관계가 확장된 브랜드 평가에 미치는 영향," 「소비자학연구」, 제15권, pp.37-58.

박정은(2007), "기업의 위기시 기업 브랜드 애착이 소비자들의 위기 인식에 미치는 영향," 석사학위논문, 연세대학교.

박종민(2005), "PR 실무자들의 심리적 계약 상황과 관계자 관계 성향 (LPS)이 조직 충성도, 직무 몰입도, 직업 만족도에 미치는 영향 연구," 「홍보학연구」, 제9권, 제1호, pp. 170-213.

박종철, 권봉현(2014), "호텔기업의 문화마케팅유형에 따른 조직신뢰가 고객지향성 및 조직몰입에 미치는 영향," 「호텔리조트연구」, 제13권, 제2호, pp. 25-49.

박종철, 홍성준(2009), "기업의 사회적 책임 활동이 고객 충성도에 미치는 영향: 호혜성과 신뢰의 매개역할,"「마케팅관리연구」, 제14권, 제4호, pp. 19-35.

박헌준, 이종건(2002), "기부와 환경보호: 기업의 사회공헌활동과 재무적 성과간의 관계에 관한 실증적연구," 「인사조직연구」, 제10권, 제1호, pp. 95-133

방광수, 조영주, 박종철(2015), "기업의 문화마케팅 활동이 기업 이미지 및 구매의도에 미치는 영향: 호혜성 지각과 신뢰의 매개 역할," 「마케팅논집」, 제23권, 제2호, pp. 1-22.

방장규(2013), "항공사의 브랜드 충성도 향상을 위한 문화마케팅에 관한 연구," 「문화산업연구」, 제13권, 제4호, pp. 33-41.

변경희, 이성근(2015), "기업의 문화마케팅 전략에 관한 탐색적 연구," 「문화산업연구」, 제15권, 제2호, pp. 89-99.

산업정책연구원(2017), "건강한 대한민국 기업을 만들기 위해 시급한 과제"

서용구, 유해선, 김혜란(2003), "브랜드 진정성이 브랜드애착 및 충성에 미치는 영향에 관한 연구," 「유통연구」, 제19권, 제2호, pp. 86-111.

서울경제, 2017년 4월10일자, "금융과 재정, 메디치 효과를 꿈꾸며".

서울신문, 2017년 4월 12일자, "기업의 창조와 혁신, 르네상스 시대에서 배우자".

서인석, 윤우제, 권기헌(2011), "정부조직의 조직문화와 조직공정성, 조직 시민행동의 인과 구조-조직신뢰의 매개효과를 포함하여," 「한국정책학회보」, 제20권, 제3호, pp. 395-427.

서창희(2008), "문화마케팅이 기업이미지에 미치는 영향에 관한 연구," 박사학위 논문. 동국대학교 .

소지연, 윤나라(2012), "예술적 환경이 창의성에 미치는 영향," 「마케팅연구」, 제27권, 제2호, pp. 53-83.

손주영, 김주호(2013), "여성 표적 제품의 문화 메세나 활동이 남녀 소비자의 의사결정에 미치는 영향," 「문화산업연구」, 제13권, 제2호, pp. 73-83.

송균석, 이효준, 범상규(2014), "문화마케팅 활동을 통한 브랜드 친숙도가 신제품 평가에 미치는 영향," 「상품학연구」, 제32권, 제1호, pp. 19-33.

송정석, 최민희(2013), "문화마케팅이 기업 이미지와 고객 충성도 및 추천 의도에 미치는 영향: 국내 카드사를 중심으로," 「경영교육연구」, 제28권, 제4호, pp. 481-501.

신성혜(2004), "문화마케팅이 기업 및 브랜드 이미지와 구매의사에 미치는 영향에 관한 연구," 석사학위 논문, 인천대학교.

신승수, 이정교(2013), "문화마케팅 유형요소 5S를 적용한 기업 아이덴티티 공간 연출에 관한 연구," 「한국공간디자인학회 논문집, 제9권, 제1호, pp. 113-25.

신유근(1996), "한국 기업윤리 교육의 과제와 방향," 「연세경영연구」, 제34권, 제3호, PP.119-139.

신은주, 이영선(2012), "문화예술상품 소비자의 가치 인식이 추구 혜택과 상품속성에 미치는 영향," 「Asia Marketing Journal」, 제14권, 제2호, pp. 177-207.

신종국, 박민숙, 윤거일(2013), "문화예술 스폰서십에 대한 가치 인식이 점포 감정과 점포애 고에 미치는 영향," 「경영교육연구」, 제28권, 제1호, pp. 143-162.

심상민, 민동원 (2002), "문화마케팅의 부상과 성공전략," 「삼성경제연구소CEO Information」, 372호.

안상형, 최강화(2009), “글로벌 기업을 위한 LG화학의 지속가능 경영,” 「Journal of management case research」, 제43권, pp.1-17.

안종숙, 이정만(2012), “심리적 문화체험이 직무성과에 미치는 영향 연구,” 「패션비즈니스」, 제16권, 제5호, pp. 74-87.

양길승(2010), “골프장 종사원의 조직 공정성에 대한 지각과 상사 신뢰가 조직 충성도에 미치는 영향,” 「관광연구저널」, 제24권, 제1호, pp. 85-102.

양뤄, 이형주, 윤성준(2015), “문화역량과 문화 호감도 및 중국산 제품의 구매 의향 간의 관계,” 「마케팅논집」, 제23권, 제3호, pp. 77-96.

양현미, 윤용중, 김소영, 강명국, 곽영식(2002), “기업 메세나 운동의 효과분석,” 한국문화정책개발원.

양훈모, 조진탁(2006), “조직에서 상사에 대한 신뢰가 조직몰입에 미치는 영향에 관한 실증적 연구,” 「상업교육연구」, 제12권, pp. 485-503.

어윤선, 이형룡(2011), “패밀리 레스토랑 메뉴의 원산지 표시 지각이 브랜드 신뢰와 브랜드 충성도에 미치는 영향,” 「외식경영연구」, 제14권, 제2호, pp. 235-256.

오근혜, 윤평구, 강승모(2012), “우리나라기업의 윤리경영이 기업가치 및 재무적성과에 미치는 영향,” 「금융지식연구」, 제10권, 제3호, pp. 3-27.

오세진, 임영식, 양병화(1996), “조직 만족의 측 정모델 검증연구-생산직 근로자의 만족요인을 중심으로,” 「한국심리학회지」, 제9권, 제10호, pp. 1-24.

오유민(2007), “기업의 메세나 활동이 브랜드 자산 형성에 미치는 영향에 관한 연구,” 석사학위 논문, 홍익대학교.

유소영(2014), “기업의 메세나 활동이 기업 이미지 제고에 미치는 영향,” 석사학위 논문, 동국대학교.

유승엽, 김은희(2007), “기업의 특성에 따른 사회공헌 활동 활용전략에 관한 연구,” 「한국심리학회지」, 제8권, 제3호, pp. 315-338.

유창조(2009), “대한항공의 문화마케팅 전략,” 「아시아마케팅저널」, 제11권, 제3호, pp. 167-184.

유호종, 이민순(2009), “기업의 문화예술지원 활동이 기업 이미지와 상표 충성도에 미치는 탐색적 연구,” 「한국항공경영학회지」, 제7권, 제4호,pp. 233-248.

윤각, 류지영(2011), “CSR 활동의 내부 마케팅 효과 연구-기업명성과 임직원들의 직무 만족을 중심으로,” 「홍보학연구」, 제15권, 제3호, pp. 41-76.

윤민영(2012), “기업의 메세나 활동이 기업 이미지와 기업 명성 및 소비자의 기업 태도에 미치는 영향,” 석사학위논문, 서울벤처대학원대학교.

윤성준, 한희은(2011), “메세나 활동과 광고효과 간의 관계에 대한 실증적 접근,” 「문화산업연구」, 제11권, 제1호, pp. 47-67.

이남준(2013), “기업의 메세나 활동이 기업 성과에 미치는 영향,” 석사학위 논문, 고려대학교.

이데일리, 2016년 4월 26일자, “한화, ‘함께 멀리’ 강조, 예술 · 과학 사회공헌 풍성”.

이려정, 유행주(2008), “관광기업의 문화예술지원(메세나) 활동 인식 정도가 기업 이미지와 구매의도에 미치는 영향,” 「호텔관광연구」, 2008년, 제3호, PP. 174-190.

이문규, 문연경(2008), “문화마케팅과 전통적 마케팅 활동이 소비자의 소매점 평가와 충성도에 미치는 영향,” 「마케팅관리연구」, 제13권, 제2호, pp. 1-21.

이문숙, Langsner, S. J.(2010), “직장인의 여가활동 참가가 우리성 및 직무 스트레스에 미치는 영향,” 「한국여가레크레이션학회지」, 제34권, 제1호, pp. 227-236.

이미옥(2006), “리조트, 카지노 부문: 리더십과 조직유효성의 관계에서 신뢰의 영향에 관한 연구-카지노 산업을 중심으로,” 「호텔리조트연구」, 제5권, 제2호, pp. 511-526.

이민재, 김명숙, 정진섭(2016), “기업가 정신과 공유가치 창출에 관한 사례연구,” 「전문경영인연구」, 제19권, 제2호, pp. 289-307.

이윤경, 신규희, 황선진(2009), “브랜드의 이미지와 충성도를 높이는 문화마케팅 전략에 관한 연구,” 「복식」, 제59권, 제5호, pp. 167-179.

이병관, 소영호(2008), “스포츠시설 종사원의 직무 관여와 직무만족, 조직몰입 및 이직의도의 관계,” 「한국스포츠산업경영학회지」, 제13권, 제4호, pp. 1-15.

이보영(2006), “호텔내부마케팅이 종사원 직무만족 및 이직의도에 미치는 영향,” 「호텔리조트연구」, 제5권, 제1호, pp.145-161.

이상엽, 김일환, 장종화(2011), “건강관심도와 친환경 농산물 구매 행위와의 관련성에 관한 연구,” 「한국자치행정학보」, 제25권, 제1호, pp. 73-96.

이수정, 윤정구(2012), "기업의 사회적 책임활동에 대한 정당성 인식이 종업원의 조직 시민행동에 미치는 영향에 관한 연구: CEO의 비전적 리더십의 조절 효과를 중심으로," 「지식경영연구」, 제13권, 제4호, pp. 31-51.

이영선, 신은주(2011), "문화예술상품에 대한 소비자의 가치 인식과 추구 혜택에 관한 질적 연구," 「Asia Marketing Journal」, 제12권, 제4호, pp. 27-54.

이유리(2012), "기업의 사회적 책임(CSR)의 내부 마케팅 효과 연구-직원의 기업 사회공헌 활동 참여 효과를 중심으로," 박사학위 논문, 숙명여자대학교.

이윤경, 신규희, 황선진(2009), "브랜드의 이미지와 충성도를 높이는 문화마케팅 전략에 관한 연구," 「복식」, 제59권, 제5호, pp. 167-179.

이인구(2013), "기업의 사회적 책임 활동의 커뮤니케이션 도구로서 기업 메세나 활동의 역할: 금호아시아나문화재단의 사례," 「문화산업연구」, 제13권, 제3호, pp. 115-120.

이인택(2012), "기업의 메세나 활동이 기업 이미지 및 구매의도에 미치는 영향에 관한 연구: 현대카드사 메세나 활동 분석을 중심으로," 석사학위 논문, 경희대학교.

이일식(2009), "문화마케팅이 사진산업의 경영성과에 미치는 영향에 관한 연구: 아기사진 전문 스튜디오를 중심으로," 「고객만족경영연구」, 제11권, 제1호, pp. 195-208.

이정만(2012), "독일 기업 문화마케팅 연구: 문화예술 후원과 활용 중심으로," 「경상논총」, 제30권, 제2호, pp. 1-22.

이정민, 허정석(2011), "융, 복합시대 환경재생과 문화예술을 활용한 부동산 공간 개발 시사점 연구–일본 나오시마 지역 중심으로," 「기업경영연구, 제18권, 제3호, pp. 259-276.

이종은(2015), "문화이벤트 후원 고지광고의 효과에 관한 연구: 전문경영인에 대한 시사점 도출," 「전문경영인연구」, 제18권, 제1호, pp. 181-204.

이충신(2011), "호텔기업의 사회적 책임 활동이 관계 지속 의도에 미치는 영향-호혜성 지각의 조절효과," 「Tourism Research」, 제33권, pp. 63-81.

이투데이, 2017년 3월30일자, "산업정책연구원 2017년 제14회 윤경SM포럼 CEO서약식 개최"

이현지, 이금자(2008), “노인의 자긍심과 자녀와의 정서적 유대감이 삶의 만족도에 미치는 영향-연령과 배우자 유무의 중재 효과,” 「노인복지연구」, 제39호, pp. 175-194.

이호근, 이준엽(2013), “문화마케팅(Mecenat)이 외식기업 이미지와 충성도에 미치는 영향 연구,” 「이벤트컨벤션연구」, 제9권, 제1호, pp. 107-125.

임상오(2003), “일본기업 메세나 운동의 효과분석,” 한국문화정책개발원 정책과제, 2002(6), 제7호.

임성혁(2012), “문화마케팅 활동이 기업 이미지, 브랜드 동일시 및 구매의도에 주는 영향 : 자기 감시도의 조절 영향을 중심으로,” 「마케팅관리연구」, 제17권, 제4호, pp. 75-93.

임승희(2012), “기업의 내부 문화마케팅이 직원의 문화예술 수용에 미치는 영향,” 「문화산업연구」, 제12권, 제4호, pp. 91-105.

장현지, 차희원(2013), “조직원 간 대인 커뮤니케이션이 기업명성에 미치는 영향-조직-사원 관계성 및 조직 동일시의 매개효과,”「홍보학연구」, 제17권, 제4호, pp. 135-186.

장형유, 강투메리헝그러줄(2015), “문화마케팅이 추천 의도에 미치는 영향 : 가격 프리미엄 조절 효과를 중심으로,” 「고객만족경영연구」, 제17권, 제1호, 43-65.

전누리, 이경률, 최용석(2011), “문화마케팅 유형별 활동이 소비자의 사용 의도에 미치는 영향: 국내 신용카드사를 중심으로,” 「문화산업연구」, 제11권, 제20호, pp. 219-234.

전성률(2012), “기업의 메세나 활동 효과 분석을 위한 모델 개발과 전략적 활용 방안에 관한 연구,” 한국메세나협회.

전수환, 신소영(2013), “액션러닝을 활용한 기업문화예술교육 교과개발,” 「한국예술연구」, 제7호, pp. 125-159.

전수영, 이선재,(2005) “버버리 패션명품 소비자의 동조성과 개성에 관한 연구,” 「복식」, 제55권, 제3호, pp. 136-149.

전인수, 엄지윤(2014), “아트 인퓨전이 패키지와 제품에 대한 소비자 평가에 미치는 영향,” 「소비자학연구」, 제25권, 제1호, pp. 87-113.

정기한, 오재신, 신재익(2004), “내부마케팅에 관한 이론적 고찰,” 「사회과학연구」, 제22권, pp. 99-127.

정명희(2010), “간병인의 노인에 대한 태도와 업무 만족에 미치는 영향에 관한 연구-노인전문병원 간병인을 대상으로,” 「한국인간복지실천연구, 제4권, pp. 199-218.

정재엽, 김현철(2015), “문화예술상품 스타 마케팅에 대한 소비자의 반응,” 「소비자학연구」, 제26권, 제1호, pp. 23-46.

정재휘, 서민교(2016), “내부 이해관계자 관점에서의 사회적 책임 활동: 중국 진출 한국기업 사례를 중심으로,” 「무역연구」, 제12권, 제1호, pp. 235-249.

정지은, 이석규(2015), “기업 메세나 활동의 소비자 평가에 관한 연구,” 「상품학연구」, 제33권, 제1호, pp. 57-67.

조병은(1990), “노인과 성인 자녀간의 결속도와 인생 만족도,” 「한국노년학회지」, 제10권, pp. 105-124.

조동성(2014), 한국일보, 2014년 11월25일자 칼럼, “경영예술”.

조성표, 손수훈(2009), “기업의 사회적 성과와 재무적 성과의 관련성,” 「경영연구」, 제24권, 제4호, pp. 121-156.

조영대(2011), “호텔종사원의 갈등지각 수준과 조직신회가 직무만족 및 직장몰입에 미치는 영향,” 「관광연구」, 제26권, 제4호, pp. 605-618.

조영호, 오철환(1985), “직무 스트레스가 직무 몰입도와 조직 애착도에 미치는 영향,” 「경영학연구」, 제15권, 제1호, pp. 107-125.

조주은(2005), “서비스 지향성이 조직 지원 인식, 조직몰입에 미치는 영향 -국내 양대 항공사 객실 승무원을 중심으로,” 「관광연구저널」, 제19권, 제1호, pp. 183-196.

조은아, 이승연, 정웅용(2010), “직장 내 소문에 대한 직원 민감도 차이 연구: 서울 특급 호텔 조직신뢰도를 중심으로,” 「호텔리조트연구」, 제9권, 제2호, pp. 117-130.

주선희, 구동모(2014), “아트 콜라보레이션 제품의 특성이 소비자의 지각된 가치와 제품 구매의도에 미치는 영향,” 「마케팅논집」, 제22권, 제2호, pp. 101-123.

주순이, 김보영(2016), “조직관리 및 기업문화 강화를 위한 메세나와 문화마케팅에 관한 연구동향 분석,” 「기업연구저널」, 제11권, 제2호, pp. 29-56.

주어언, 두평, 문연희, 최지호(2013), “문화마케팅 활동과 소비자 반응 간의 관계: 기업연상의 매개 역할,” 「문화산업연구」, 제13권, 제1호, pp. 35-42.

주우진, 정보희, 김한구(2010), “명화 차용 형태가 제품 태도에 미치는 영향에 관한 연구: 제품 유형에 따른 차이를 중심으로,” 「소비자학연구」, 제21권, 제4호, pp. 43-69.

진양호, 한인경(2012), “외식기업의 문화마케팅이 기업 이미지와 구매의도에 미치는 영향”, 「한국조리학회지」, 제18권, 제30호, pp. 58-71.

최병권(2005), “경력개발제도의 설계 및 운영 방안,” 「임금연구」, 가을호, pp. 63-79.

최종학, 정강국, 윤종운(2011), “호텔 종사원 가치 의제가 직무 애착, 조직 애착 및 이직 의도에 미치는 영향,” 「서비스산업연구」, 제8권, 제2호, pp. 69-88.

최훈태(2008), “외식산업에 있어서 신상품 창조성의 매개효과,” 「관광연구저널」, 제22권, 제2호, pp. 245-259.

하용규, 강상묵, 정연홍(2011), “호텔 기업 조직 정체성이 대인 간 협력과 조직 충성도에 미치는 영향,” 「관광경영연구」, 제15권, 제2호, pp. 129-144.

한국경제신문, 2017년 3월16일자, “윤영달 회장, 재미와 예술이 기술을 만나 행복을 주는 게 과자산업의 본질”.

한국메세나협회(2009), “기업 문화경영 효과 연구 보고서-내부 직원 및 소비자 대상”.

한국메세나협회(2013), 2013 한국메세나대회.

한국메세나협회(2014), “경제와 예술 20년지기 스토리”.

한국메세나협회(2014), “한화예술더하기 사업평가 보고서”.

한국메세나협회(2014), 2014 한국메세나대회.

한국메세나협회(2015), 계간 메세나, “메세나 피플: 니콜라스 세로타 테이트미술관그룹 총관장”

한국메세나협회(2015), “기업문화재단 발전방안 연구 보고서”

한국메세나협회(2016), 2016 한국메세나대회.

한국메세나협회(2016), 2015년도 연차보고서.

한국메세나협회(2016), www.mecenat.or.kr 검색일 2016.1.1

한승수(2005), “자아표현적 소비 성향이 브랜드 애착에 미치는 영향에 관한 연구,” 「한국언론학보」, 49(2), pp. 493-516.

한정호, 조삼섭(2009), "기업위기발생시 기업명성과 공중관계성이 공중들의 위기인식과 결과인식에 미치는 영향에 관한 연구," 「한국언론학보」, 제53권, 제3호, PP. 82-100.

허갑수(2003), "의료기관 행정직원의 직무만족과 직장 애착에 관한 실증적 연구," 「인적자원관리연구」, 제7권, pp. 31-62.

현대자동차그룹(2016), 2015 현대자동차그룹 사회공헌백서

황낙건(2014), "문화콘텐츠 마케팅 유형 중 기업 메세나 활동이 기업 이미지에 미치는 영향," 「예술경영연구」, 제32권, pp. 29-52.

황진숙(2008), "의복 추구 혜택, 상표 애착, 상표 충성도의 관계," 「한국의류학회지」, 제32권, 제11호, pp. 1704-1714.

BBC(2007), "경제의 최전선을 가다", 리더스북.

LG전자 지속가능경영보고서(2016).

Anderson, J. C. and Gerbing, D. W. (1998), Structural equation modeling in practice: a review and recommended two-step approach, *Psychlogical Bulleten,* 103(3), 411-423.

Ashforth, B. E. and Meal, F. (1989), Social identity theory and the organization, *Academy of Management Review,* 14, 20-39.

Australian Foundation for Culture and Humanities & Arthur Andersen (1999), *Marketing arts & culture work in business-the business case for cultural investment guide,* 10.

Bagozzi, R. and Youjae, Y. (1988), On the evaluation of structural equation models, *Journal of the Academy of Marketing Science,* 16(1), 74-94.

Bakker, A. B. & Demerouti, E. (2009), The crossover of work engagement between working couples: A closer look at the role of empathy, *Journal of Managerial Psychology,* 24(3), 220-236.

Baron(2001), Private Politics, Corporate Social Responsibility, and Integrated Strategy, *Journal of Economics & Management Strategy,* 10(1), 7-45.

Bergami, M. and Bagozzi, R. P. (2000), Self-Categorization, affective commitment, and group self-esteems as distinct aspects of social identity in the organization, *British Journal of Social Psychology*, 39(4), 555-577.

Berry, L. L .(1981), The Employee as Customer, *Journal of Retailing Banking,* 3(1), 33-40.

Bhattacharya, S. and Mukherjee, P. (2009), Rewards as a key to employee engagement: A comparative study on I.T. professionals ASBM, *Journal of Management,* 2(1), 160-175.

Bhattacharya, S. and Sen, S. (2004), Doing Better at Doing Good: When, Why, and How Consumers Respond to Corporate Social Initiatives, *California Management Review,* 47(1), 9-24.

Bock, G. W., Zmud, R. W., Kim, Y. G. and Lee, J. N. (2005), Behavioral intention formation in knowledge sharing: examining the roles of extrinsic motivators, social-psychological forced, and organizational climate. *MIS Quarterly,* 29, 87-112.

Brooke, P. P., Russell, D. W. and Price, J. L. (1988), Discriminant validation of measures of job satisfaction, job involvement, and organizational commitment, *Journal of applied psychology,* 73(2), 139-145.

Brown, S. P. and Leigh, T. W. (1996), A new look at psychological climate and its relationship to job involvement, effort, and performance, *Journal of Applied Psychology,* 81(4), 358-368.

Cohen, A. and Kol, Y. (2004), Professionalism and organizational citizenship behavior: An empirical examination among Israeli nurses, *Journal of Managerial Psychology*, 19(4), 386–405.

Conduit, J. and Mavondo, F. T. (2001), How critical is internal customer orientation to market orientation?, Journal of business research, 51(1). 11-24.

Cufaude, J. (1999), Creating organizational trust, *Association Management,* 51(7), 26-34.

Durand, J. (1996), Business and culture in Brazil, *Arts and Business Praege,* Westport, CT.

Du, S., Bhattacharya, C. B. and Sen. S.(2010), Maximizing business returns to corporate social responsibility (CSR): The role of CSR communication, *International Journal of Management Review*, 12(1), 8-19.

Edwards, J. R.(2001), Multidimensional constructs in organizational behavior research: An integrative analytical framework, *Organizational Research Methods,* 4(2), 144−192.

Fornell, C. and Larcker, D. F. (1981), Structural equation models with unobservable variables and measurement error: Algebra and statistics, *Journal of Marketing Research*, 18(3), 382-388.

Fornell, C., and Larcker, D. F. (1981). Evaluating structural equation models with unobservable variables and measurement error. *Journal of Marketing Research,* 18(1), 39-50.

Fornell, C., Mithas, S. and Morgeson, F. V. (2009), Commentary—the economic and statistical significance of stock returns on customer satisfaction, *Marketing Science,* 28(5), 820−825.

Garbarino, E. and Johnson, M. S. (1999), The different roles of satisfaction, trust, and commitment in customer relationships, *The Journal of Marketing,* 63(2), 70-87.

Gefen, D., Straub, D. W. and Boudreau, M. C. (2000), Structural equation modeling and regression: guidlines for research practice, *Communications of Association for Information System*, 4(7), 1-35.

Gilder, D., Schuyt, T. N. M. and Breedijk, M. (2005), Effects of an employee volunteering program on the work force: The ABN-AMRO Case, *Journal of Business Ethics,* 61(2), 143-152.

Gonzaga, G. C., Keltner, D., Londahl, E. A. and Smith, M. D. (2001), Love and the commitment problem in romantic relations and friendship,. *Journal of Personality and Social Psychology,* 81(2), 247-262.

Goranson, R. E. and Berkowitz, L. (1966), Reciprocity and responsibility reactions to prior help, *Journal of Personality and Social Psychology,* 1, 227-332.

Gronroos, C. (1990), Relationship approach to marketing in service contexts: The marketing and organizational behavior interface, *Journal of business research,* 20(1), 3-11.

Gummesson. E. (1987), The New Marketing—Developing Long-term Interactive Relationships, *Long Range Planning,* 20(4), 10-20.

Gupta, S. and Pirsch, F. (2006), The company-cause-customer fit decision in cause-related marketing, *Journal of Consumer Marketing,* 23(6), 314-326.

Han, S. and Yeom. (2006), A preliminary study on the formative path of brand attachment: with focus on the developing a hypothetical path model, *The Korean Journal of Advertising and Public relations,* 8(4), 167-200.

Hart, S. L. (1995), A natural-resource-based View of the Firm. A*cademy of Management Review,* 20(4), 986-1014.

Herbig, P. and Milewicz, J. (1993), The relationship of reputation and credibility to brand success. *Journal of Consumer Marketing,* 10, 18-24.

Hulland, J. (1999), Use of partial least square (PLS) in strategic management research: a review of four recent studies, *Strategic Management Journal,* 20(2), 195-204.

Javalgi, R. G., Traylor, M. B., Gross, A. C. and Lampman, E. (1994), Awareness of sponsorship and corporate image: an empirical investigation, *Journal of Advertising,* 23(4), 47-58.

Kanold, T. D. (2002), *Five disciplines PLC Leaders,* Solution Tree Press.

Kelly, S. and Hoffman, K. (1997), An investigation of positive affect, prosocial behaviors and service quality, *Journal of Retailing,* 73(3), 407-427

Keller, K. L. (2001), Building customer-based brand equity: a blueprint for creating strong brands, *Marketing Science Institute,* 1-38.

Kim, H. R., Lee, M., Lee, H. and Kim, N. M. (2010), Corporate social responsibility and employee-company identification, *Journal of Business Ethics,* 95(4), 557-569.

Kotler & Lee, (2006), Corporate social responsibility: doing the most good for your company and your cause, *Academy of Management Perspectives, 20(2), 90-93.*

Kristof, A. L. (1996), Person-organization fit : en integrative review of its conceptualizations, measurement, and implications. *Personnel psychology,* 49(1), 1-49.

Ladd, G. W. (1987), Predicting children's social and school adjustment following the transition from preschool to kindergarten, *JM Price-Child development,* 58(5), 1168-1189.

Lypnack, J. and Stamps, J. (1997),. *Virtual teams : reaching across space, time, and organizations with technology,* John Wiley & Sons, Inc. New York.

Maignan, I., Ferrell, O. C., Tomas, G. and Hult, M. (1999), Corporate citizenship: cultural antecedents and business benefits, *Journal of the Academy of Marketing Science,* 27(4), 455-469.

Maignan, I. and Ferrell, O. C. (2004),. Corporate social responsibility and marketing: an integrative framwork, *Journal of the Academy of Marketing Science,* 32(1), 3-19.

Marshall, E. M. (1999), *Building trust at the speed of change: The power of the relationship-based corporation.* New York: AMACON.

McAllister, D. J. (1995), Affect and cognition-based trust as foundation for interpersonal cooperation in organization, *Academy of Management Journal,* 38, 24-59.

McWilliams, A. and Siege, D. (2006), Corporate social responsibility: Strategic implications, *Journal of management Study.* 43(10), 1-18.

Money, A. H. and Foreman, S.(1996), The Measurement of Internal Marketing: A Confirmatory Case Study, *Journal of Marketing Management,* 11(8), 755-66.

Mowday, R. T., Porter, L. W. and Steers, R. M.(1982), *Employee-organization linkage,* New York: Academic Press.

Morrow, P. C. (1993), *The theory and measurement of work commitment,* Greenwich: JAI Press Inc.

Nadler, D. A. and Tushman, M. L. (1997), *Competing by design: the power of organizational architecture,* New York: Oxford University Press.

Nunnally, J. C. (1978). *Psychometric theory,* New York: McGraw-Hill Book Company.

Nunnally, J. C. and Bernstein, I. H.(1994), *Psychometric theory(3rd ed.),* New York: McGraw-Hill.

Offerman, T. J. S. and Sonnemans, J. H. (1998), Learning by experience and learning by imitating successful others, *Journal of Economic Behavior & Organization,* 4(4), 559-575.

Oliver, R. L. (1999), Whence consumer loyalty?, *Journal of Marketing,* 63, 3-44.

Park, C. W., Deborah, J. M., Joseph, P., Andreas, B. E., and Dawn, I. (2010), Brand attachment and brand attitude strength: Conceptual and empirical differentiation of two critical brand equity drivers, *Journal of Marketing,* 74, 1-17.

Peterson, D. K. (2004), The relationship between perception of corporate citizenship and organizational commitment, *Business & society,* 43(3), 296-319.

Piquet, S. and Sellen, C. (2015), Le mecena et la philanthropie sonu-ils des concepts legitimes pour l'entreprise are corpirate sponsorship and donation activity legitimate concepts por companies?, *Revue Française du Marketing,* 254, 71-84.

Porras, J. I. and Robertson, P. J. (1992), Organizational development: theory, practice, and research, *Handbook of industrial and organizational psychology,* 3(2), 719-822.

Porter, L., Lawler, E. & Hackman, J. (1975), *Behavior in organizations,* McGraw-Hill, New York, 561.

Porter, M. E. and Kramer, M. R. (2007), Redefining corporate social responsibility-Strategy and Society, *Harvard business review,* 2007, 2-17.

Porter, M. E. and Kramer, M. R. (2011), Creating shared value, *Harvard business review,* January–February 2011, 1-16.

Raman, P. and Zboja, J. J. (2006), The effect of employee attitudes on workplace charitable donations, *Journal of Nonprofit and Public Sector Marketing,* 61(2), 41-60.

Sasser, W.E. and Arbeit, S. P.(1976), Selling Jobs in the Service Sector, *Business Horizons,* 19(June), 61-65.

Schaufeli, W. B., Salanova, M., González-Romá, V. and Bakker, A. B. (2002), The measurement of engagement and burnout : a two sample confirmatory factor analytic approach, *Journal of Happiness Studies,* 3(1), 71-92.

Schouten, J. W. and McAlexander, J. H.(1995), Subcultures of consumption: An ethnography of the new bikers, *Journal of consumer,* 22(1), 43-61.

Scott, S. G. and Lane, V. R. (2000), A stakeholder approach to organizational identity. *Academy of Management,* 25(1), 43-62.

Segars, A. H. and Grover, V. (1993), Re-examining perceived ease of use and usefulness: a confirmatory factor analysis. *MIS Quarterly,* 17(4), 17-525.

Speed, R. and Thompson, P. (2000), Determinants of sports sponsorship response, *Journal of the Academy of Marketing,* 28(2), 226-238.

Staw, B. M. (1984), Organizational behavior: A review and reformulation of the field's outcome variables. *Annual Review of Psychology,* 351(1), 627-666.

Swaen, V. and Chumpitaz, R. (2008), Impact of corporate social responsibility on consumer trust, *Recherche et Applications en Marketing,* 23(4), 7-34.

Tan, H. and Tan, C. (2000), Toward the differentiation of trust in supervisor and trust in organization. *Genetic, Social, and General Psychology Monographs,* 126(2), 241-261.

Thompson, P. and Speed, R. (2000), Determinants of sports sponsorship response, *Journal of the Academy of Marketing,* 28(2), 226-238.

Thompson, M. and Heron, P. (2005), Management capability and high performance work organization, *The International Journal of Human Resource Management,* 16, 1029-1048.

Verhoef, P. and Bijmolt, T. (2007), The importance of non-linear relationships between attitude and behaviour in policy research, *Journal of Consumer Policy,* 30(2), 75-90.

Waldman, D.A. and Siegel, D. S. & Javidan, M. (2004), CEO Transformational Leadership and Corporate Social Responsibility, *Rensselaer Working Papers in Economics,* 1-38.

Wheeless, L. R. (1978), A follow-up study of the relationships among trust, disclosure, and interpersonal solidarity, *Human Communication Research,* 4(2). 143-157.

Winters, L. (1986), The effect of brand advertising on company image: implications for corporate advertising, *Journal of Advertising Research,* 26(2), 54.

▣ 부록

설 문 지

안녕하십니까?

본 연구팀에서는 기업의 메세나 활동(순수 문화예술 지원 활동 및 문화공헌, 임직원 예술교육 등)이 조직관리와 기업문화 강화에 미치는 영향에 관한 연구를 위하여 설문 조사를 진행하고 있습니다. 귀하께서 응답하신 내용은 통계법 제33조 (비밀 보호 등)와 제 34조 (통계 작성 사무 종사자 등의 의무)에 의하여 철저하게 보호됩니다. 조사 결과는 국내 기업에서의 메세나 활동이 조직관리를 향상시키는 데 어떤 영향을 미치는지 등을 연구하여 내부 커뮤니케이션을 위한 메세나와 예술을 통한 경영전략 수립에 중요한 기초자료로 활용될 것입니다. 귀하의 귀중한 시간과 정성어린 응답 미리 감사드립니다.

본 연구는 학술지 출간을 목적으로 작성되며, 회사명과 귀하의 이름은 비공개 처리됩니다. 만약 본 연구결과를 추후에 받아보시기를 원하시면 귀하의 E-Mail을 기재하여 주시기 바랍니다. 설문조사 관련 문의사항이 있으신 경우 joojoo@mecenat.or.kr로 연락 부탁드립니다.(2016년 7월 15일까지 진행)

2016년 6월

연구팀 주순이, 김보영 (서울과학종합대학원대학교)

❑ 설문에 대한 답변 요령

각 설문문항에 대한 응답은 1(전혀 그렇지 않다)부터 5(매우 그렇다)까지로 되어 있으며, 각 질문 내용에서 귀하의 평소 느낌과 생각을 가장 잘 나타내고 있는 곳에 체크(√) 표시하여 주시기 바랍니다.

Ⅰ. 아래 설문은 '개인적 관심도'와 '조직의 관심도'에 대한 내용으로써 귀하가 개인적으로 메세나와 문화예술에 관심이 있는지와 귀하가 소속된 조직이 메세나에 관심이 있는지를 묻는 항목입니다. 귀하의 느낌과 생각을 가장 잘 나타내고 있는 곳에 체크(√)표시하여 주시기 바랍니다.

설문 문항	귀하의 응답				
	전혀 그렇지 않다.	그렇지 않다.	보통이다	그렇다	매우 그렇다
1. 나는 문화예술(공연, 전시 등)에 관심이 있다.	1	2	3	4	5
2. 메세나가 무엇인지 알고 있으며 관심이 있다.	1	2	3	4	5
3. 기업의 메세나 활동은 꼭 필요하다고 생각한다.	1	2	3	4	5
4. 나는 우리 회사가 어떤 메세나 활동을 하고 있는지 알고 있다.	1	2	3	4	5
5. 나는 다른 회사(조직)의 메세나 활동 사례를 알고 있다.	1	2	3	4	5
6. 우리 회사는 메세나(문화예술 지원 활동)를 전담하는 부서가 있으며 체계적으로 운영되고 있다.	1	2	3	4	5
7. 우리 회사는 문화예술을 활용한 직원복지나 내부마케팅에 관심이 높은 편이다.	1	2	3	4	5
8. 우리 회사는 자사의 메세나 활동에 대해 전사적으로 공유하려고 노력한다.	1	2	3	4	5
9. 우리 회사는 메세나 활동에 대한 관심과 지원이 높은 편이라고 생각한다.	1	2	3	4	5
10. 우리 회사는 직원의 문화예술 체험 활동을 정기적으로 운영하고 있다.(예: 공연전시 관람, 예술동호회 운영, 문화예술 강좌, 예술봉사 등)	1	2	3	4	5

Ⅱ. **다음은 귀하가 메세나에 대해 느끼는 '참여의지와 애착'에 관한 문항입니다. 귀하의 느낌과 생각을 가장 잘 나타내고 있는 곳에 체크(√) 표시하여 주시기 바랍니다.**

설문 문항	귀하의 응답				
	전혀 그렇지 않다.	그렇지 않다.	보통 이다	그렇다	매우 그렇다
1. 우리회사의 메세나 활동에 직원들도 참여할 수 있으면 좋겠다.	1	2	3	4	5
2. 우리회사에서 진행하는 메세나 활동에 자발적으로 참여한 적이 있다.	1	2	3	4	5
3. 메세나 활동에 직원들을 동참하게 해 준다면, 적극적으로 참여할 의향이 있다.	1	2	3	4	5
4. 우리회사에서 진행하는 메세나 활동에 참여하여 보람을 느낀 적이 있다.	1	2	3	4	5
5. 문화예술 체험을 통해 기쁨을 느낀 적이 있다.	1	2	3	4	5
6. 나는 우리회사의 문화예술 지원활동에 대하여 친근하게 느껴진다.	1	2	3	4	5
7. 우리회사의 메세나 활동은 회사에 대해 자부심을 갖게 한다.	1	2	3	4	5
8. 메세나 경험이나 정보는 팀원들이 친숙한 관계를 유지하는데 도움이 된다.	1	2	3	4	5
9. 우리 회사가 지원하는 메세나 활동은 예술발전에 도움을 준다고 생각한다.	1	2	3	4	5
10. 우리 회사가 지원하는 메세나 활동은 내부 직원들에게 좋은 영향을 미친다.	1	2	3	4	5
11. 우리 회사는 메세나 활동을 잘하고 있다고 생각한다.	1	2	3	4	5

Ⅲ. 다음은 '조직문화'에 관한 문항입니다. 귀하의 느낌과 생각을 가장 잘 나타내고 있는 곳에 체크(√) 표시하여 주시기 바랍니다.

설문 문항	귀하의 응답				
	전혀 그렇지 않다.	그렇지 않다.	보통 이다	그렇다	매우 그렇다
1. 나는 우리회사가 제공하는 대부분의 정보를 믿는다.	1	2	3	4	5
2. 나는 회사와 약속한 사항을 준수할 것이다.	1	2	3	4	5
3. 우리회사는 나의 이익을 가로채지 않을 것이다.	1	2	3	4	5
4. 나는 우리회사에 소속되어 있는 것이 자랑스럽다.	1	2	3	4	5
5. 나는 우리회사와 내가 잘 맞는다고 생각한다.	1	2	3	4	5
6. 나는 우리회사를 부끄럽지 않게 하기 위해 최선을 다한다.	1	2	3	4	5
7. 나는 우리 회사 발전을 위해 노력하고 있다.	1	2	3	4	5
8. 나는 주변 사람들에게 회사 자랑을 자주 하는 편이다.	1	2	3	4	5

Ⅳ. 다음은 귀하의 '조직과 역량'에 관한 문항입니다. 귀하의 느낌과 생각을 가장 잘 나타내고 있는 곳에 체크(√) 표시하여 주시기 바랍니다.

설문 문항	귀하의 응답				
	전혀 그렇지 않다.	그렇지 않다.	보통 이다	그렇다	매우 그렇다
1. 우리 회사는 일하기 좋은 환경을 만들어 주고 있다.	1	2	3	4	5
2. 동료와 상사는 내가 힘든 일이 있을 때 도와준다.	1	2	3	4	5
3. 우리 회사에 다니는 것에 만족한다.	1	2	3	4	5
4. 동료들과 업무나 개인적 이야기를 자주 나누는 편이다.	1	2	3	4	5
5. 회사 내에 개인적으로 믿고 신뢰하는 사람이 있다.	1	2	3	4	5
6. 동료와의 갈등이 있을 때 조언을 구하거나 도움을 받는 사람이 있다.	1	2	3	4	5
7. 일할 때 시간이 매우 빨리 간다고 느낀다.	1	2	3	4	5
8. 일할 때는 업무 외에는 다른 생각을 하지 않는다.	1	2	3	4	5
9. 나의 업무에 만족하며 즐겁게 일한다.	1	2	3	4	5

V. 다음은 귀하의 개인적 정보에 관해 묻는 항목입니다.

문항	귀하의 해당사항에 표시바랍니다.
1. 성별	① 남 성 ② 여 성
2. 연령	① 30세 미만 ② 30세 이상~40세 미만 ③ 40세 이상~50세 미만 ④ 50세 이상
3. 업무경력	① 1년 미만 ② 1년 이상~5년 미만 ③ 5년 이상~10년 미만 ④ 10년 이상~15년 미만 ⑤ 15년 이상
4. 최종학력	① 고등학교 졸업 ② 대학교 졸업 ③ 대학원 졸업 ④ 박사학위 소지
5. 직급	① 사원 ② 대리 ③ 과장 ④ 차장 ⑤ 부장 ⑥ 임원
6. 업종	① 제조/생산 ② 금융 및 보험 ③ 유통업 ④ 서비스업 (교육포함) ⑤ 연구개발업 이상 ⑥ IT/ 정보통신

"설문에 응해주셔서 대단히 감사합니다."

지속가능을 위한 메세나, 그리고 조직원

2017년 6월 2일 | 초판 인쇄
2017년 6월 5일 | 초판 발행

지 은 이 | 주순이
발 행 인 | 김은중
발 행 처 | 서울경제경영출판사
북디자인 | (주)우일미디어디지텍

주 소 | 03767 서울특별시 서대문구 신촌로 205, 506호
전 화 | 02)313-2682
팩 스 | 02)313-8860

등 록 | 1998년 1월 22일 제5-63호

ISBN 978-89-97937-62-2 93320 정가 12,000원